NYAKIM'S WINDOWS

NYAKIM'S WINDOWS

Stanley Robertson

illustration by
Simon Fraser

BALNAIN BOOKS

Printed in Scotland by Pillans and Wilson Specialist Litho Printers Ltd,
Edinburgh.
Colour separation by C.M.R. Graphics, East Kilbride.
Binding by Hunter and Foulis, Edinburgh.
Handwritten titles by John Callum (Lettercraft), Dornoch.
Design by Simon Fraser.
Design Consultant: Sarah Fraser

The publishers would like to acknowledge with gratitude The Scottish
Arts Council for their financial assistance in the publication of this
volume.

Gladly acknowledged also, is the influence of Betsy Whyte; the
encouragement of The School of Scottish Studies; and the enthusiasm of
Barbara McDermitt.

Published in 1989
by Balnain Books
Druim House, Lochloy Road,
Nairn IV12 5LF
Scotland

Distributors:
Bookspeed
48a Hamilton Place,
Edinburgh EH3 5AX
tel: (031) 225 4950

ISBN 0–9509792–7–9

CONTENTS

Dedication—To the memory of my mother, Elizabeth McDonald and my father, William Robertson.

INTRODUCTION

I once had a very vivid dream and because of this dream, I was inspired to write *Nyakim's Windows*.

I dreamt that I was walking along a very narrow, precipitous path and that I kept travelling along it, until at last I came to the brow of a hill. The scene before me was breathtaking. In front of me, the path went right down to the sea, where large crags were in the water. The sky was beautifully overcast, with marvellous purple and mauve cloud formations overhead. The scene was glorious to behold.

On my right there was a cave, and it seemed to lure me into it's domain. Upon entering I was amazed at what I found therein, for an old man, dressed like a Tibetan lama, stood and greeted me in. His robe was multi-coloured and it seemed to have all the primitive cultures of the Earth woven within its patterns. He told me his name was *Nyakim* (meaning Old Traveller) and that he was the guardian of the cave. He also told me that the hill I had climbed to get here, was named *Dunbros* (or hill of enlightenment) and that this cave was called the *Cave of the Butterfly*. He had called me to the cave so that I could be enlightened, for his purpose in summoning me was to give unto me the gift of stories.

Inside the cave there were two large, gaily-coloured caterpillars and they seemed to be throwing out a white, foamy substance that was prevalent everywhere. He explained to me that they were the *Mother and Father of Story*. Each time a new story was created, a new butterfly would go to the other end of the cave and through an opening in the cave, fly out of it, thus creating a new Traveller tale... This cave then, was a storehouse of wisdom and knowledge where only the very few elect could ever be allowed to enter. Nyakim told me that I was chosen to be one of the very special people who would receive of the wisdom of the cave and so I felt very honoured and excited by all that was happening in the dream.

As I looked at the cave entrance I saw my friend Simon, who was standing without. Nyakim said that I could take him in to view the sight, I speedily did and he was as excited as I to be in the cave, where stories were being born. Suddenly, one of the large caterpillars seemed to omit a large amount of this foamy substance, which completely covered me and splattered Simon. Nyakim told me that it was a great honour to be covered with this substance, for it meant that I truly would have the gift for story-telling.

Then there was a great furore outside the cave and amidst a babble of voices, I could hear hundreds of people shouting for me and they were cheering both Simon and I (it was wonderful!) so I asked Nyakim if I could let all the folks in to see the cave, but he told me that it was forbidden. But he did say that I could pick a small group of people from the great crowd, and that they would be privileged to be a part of what would happen, for a special celebration would be in store for us. I picked about a dozen people at random, and led them into the Butterfly Cave and they were astounded at the sights that they saw.
Nyakim led us all to the other end of the cave, where the butterflies emerged from and behold, there were steps down the side of the mountain and these he called the *Murdo's Ladder*.

Following Nyakim, we all eventually came down the Murdo's Ladder and safely onto a grassy verge. Immediately in front of us was a truly magnificent Vardo. It was decorated in pale greens and blues with all form of elaborate ornamentation upon it. A silver Arabian stallion, named *Sandaron*, was yoked up to it and the old man would be our guide. He told all the people to enter into the Vardo, where they would be safe all through their journey, regardless of what they might see or hear. Myself and Simon sat on either side of Nyakim and we felt honoured to sit beside such a guardian who had so much wisdom... He looked ageless. His skin was like the driven snow without any wrinkles, yet his hair was long and silvery-white. A kindly light shone from him, for he seemed to have a silver aura surrounding him.

He explained that we were on the *Timeless Vardo* and that our journey would take us to various places and times and we would travel three roads. Furthermore, he told the people that whilst he would be the guide, I would be the story-teller and Simon would witness all that would take place and colour in the stories for posterity. He did promise to tell us but one story and that would be the final one of the journey.

Old Nyakim slightly cracked the whip, Sandaron gently pulled the Vardo and we started off at a slow speed, which gradually got quicker and quicker. The Timeless Vardo then seemed to fly off, into a world unknown to us.

Our journey was begun.

As I now unfold the main content of the journey, on which Nyakim took us in the Timeless Vardo, I would like the reader to simply relax upon his chair and imagine themselves a passenger in the Vardo. Enjoy the experience of being on this strange journey into Traveller's Lore—a world of supernatural and natural.

NYAKIM'S HAUNTING ROAD

WULLIE'S GHOST

(traditional)

For Wullie's gan ower yon high, high hill,
An doon yon dowie den;
Twas there that he met a grievous ghost,
That wid fear ten thousand men.

For Wullie's gan ower yon high, high hill,
An doon by Mary's stile;
An sae wantin, sae wearie-o wis the ghost,
Ontae him she grimly smiled.

Oft hae ye traivelled this road, Wullie,
I hae watched ye traivel in sin;
But never a thought for your peer sowel,
Whin yer life here is deen.

Oft hae ye traivelled this road, Wullie,
Yer bonnie new love for tae see;
Repent, repent, O Wullie repent,
An spare a thought for me.

Oft hae ye traivelled this road, Wullie,
Yer bonnie new love for tae see;
But ye never will traivel this road again,
For tonight avenged I'll be.

For she has taen her perjured love,
An she's reeved him frae gair tae gair;
And on ilka side o Mary's stile,
O him she's hung a share.

His mither and faither they baith made moan,
His new love muckle mair;
His mither and faither they baith made moan,
His new love she reeves her hair.

"Monie's the time I hae stopped here tae deek aroon this cwochie spot and mind upon the events that happened. Weel fine did I ken big Geordie wha wis Stanley's grandfaither. So Stanley, awa ye gang noo and tell the hantel in the Vardo the story that happened here, that ye got telt frae yer Granda."

FROM OUT OF THE SEA

Weel folks, we're nae that far up the Buchan coast and here lies the spot near the high cliffs whar eence a very grand mansion stood. It wis walled frae the cliffs that drapped intae the sea and it wis surrounded ontae the ither side by bonnie gairdens. Traiveller folks used tae camp ontae the field, jist nae far frae whar the big kier stood. They aye were very wary whin they bade intae that field, cos they aye reminded upon the story o the gadgie wha owned the hoose hundreds o years before. Strange noises were often heard through the night and the traiveller folks widnae venture oot during the night tae investigate.

I first got telt this story whin I wis a wee chavie and I wis gan alang this pairt o the countryside wi mi granda, big Georgie. As we ventured past whar the great haa hid stood, mi granda telt mi the story as far as he kent it and I never forgot it, for the story embedded intae mi young mind wi sic force for mi granda wis sic a braw story-teller:

…"Weel ye see laddie," he wid mang tae mi, "that is whar the big haa stood, and that is whar the man selt his soul for tae get something that he wanted back sae dearly…"

---

monie/*many* deek/*look* cwochie/*natural* hantel/*people* vardo/*living-wagon* kier/*house* bade/*lived*
gadgie/*man* widnae/*would not* chavie/*boy* gan/*going* haa/*house* braw/*good* mang/*say* selt/*sold*

Aboot four hundred years ago then, there bade intae that spot, whar a great muckle haa stood, a very wealthy nobleman. He hid everything that a man could desire. He wis young, handsome, healthy and wealthy and hale and hearty and he owned aa the land roon aboot for miles . The big hoose wis full o servants bustling aboot here and there and the hoose used tae rin wi laughter and mirth. The servants there were happy and the young nobleman treated abody wi respect; and in tae that days it wis considered very rare for a laird tae be sic kind, for ither lairds were whipping and bad-using their servants, but this young nobleman wis a gem o a gadgie. Abody intae the big hoose wis contented wi their lot.

Een time, there wis a grand masked ball and aa the bigwigs wis there. During one o the dances the young maister became attracted tae a weel-blossomed dilly, wha wis wearing a fairylike mask. Aifter the ball she took aff the mask, and that unveiled the maist beautiful girl ever he hid beheld, and he wis fair teen wi her. Her name wis Arrabella and her mainners were sae graceful that she fairly stole awa his heart. She come frae Inverness and she wis the daughter o a laird frae the Highlands.

The young maister coorted her sae dearly for nearly twa years; and finally they got hitched. Their wadding wis a grand affair and aa kind o dignitaries attended it.
The laird wis sae happy and they were a perfect couple, baith totally in love with each ither. They shared everything taegither. She hid a great love for animals and hid many animals upon her estate, and aye her husband spiled her by gieing her presents as weel. There need nae be ony special occasion for gieing her something, cos there wisnae a week passed but he bought her jewels, books and animals. She hid an aviary o different species o tropical and native birds, and she owned ponies and deer. Her favourite animals were dogs—she hid a passion for dogs and she hid kennels o many different kinds and breeds o juckals. Over aa the animals she hid, her

---

muckle haa/*big mansion* rin/*run* abody/*everybody* dilly/*girl* teen/*taken* spiled/*spoiled* gieing/*giving*
juckals/*dogs*

very favourite were her three deerhounds and they kept her company everytime she wint oot for a walk. These dogs were very faithful beasts and they wid guard her wi their lives if necessary. She traivelled ower aa the rocky paths in the area and she kent her wye very weel. Abody loved her and the servants fair adored her; and like her husband she hid a wonderful wye o rinning her household.

Whin she got married, she took wi her her ain twa faithful servants. They hid bin intae the service o her faither in Inverness and whin she left, she didnae hae the heart tae pairt wi them. Een wis a footman cawed Joseph and the ither a maidservant wha wis getting on in years, cawed Molly. Arrabella used tae confide in Molly many things that she wid keep secret frae abody else, and Molly could be trusted wi onything. She loved her twa faithful servants and sometimes Molly wid accompany her on her wee walks wi the three deerhounds. The big hoose niver wis sae happy. She made it sae light and the hale haa rang wi glee. There wisnae a happier man in aa the wide world as the young maister and some days he wid fin underneath his pillows little love notes and thank-you poems. He wis overjoyed wi her and love stalked that hoose. He worked hard wi many enterprises and that kept everything ticking ower neatly. She wis a lover o nature and made her husband a complete man and so they were good for each ither.

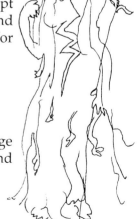

It happened een day, that fate wid tak a hand tae change things—somehow, destiny can mak athing topsy turvy and that is exactly whit it done.

wint/*went* wid/*would* wye/*way* rinning/*running* wi onything/*with anything* hale haa/*whole house* wisnae/*was not* fin/*find* tak/*take* mak/*make* athing/*everything* whit/*what*

The young maister wis oot ontae his estate and wis attending tae maitters that needed urgent attention. As he trampled alang the roads he spied a very large black bird. It wis neither a craw nor a raven, but it wis a sea-bird, similar tae a cormorant but much smaller. He couldnae really identify it—only that because o its webbed feet he kent it hid come aff frae the sea. There wis a book intae his library aboot ornithology and he thought that he wid deek it up tae see whit it wis cawed.

Strangely, the bird seemed tae hover upon his head and he thought at first it wis gang tae swoop and attack him but, tae his utter amazement—the bird fell doon deid right at his feet! An omen o evil, that's whit it wis! A sudden trembling came upon him and a weird foreboding seized his soul. This wis a warning o impending doom...

Fear gripped at his heart as he started tae hasten his strides tae get hame quick, so that he wid feel safe intae the airms o his beloved een. The big hoose grew nearer and nearer—and the strength o the foreboding grew worse. Wearily he got hame tae the hoose, when a maist evil thunderstorm and chilling wind came whistling throughout the big haa. Then the rain came lashing doon mercilessly—it wis a freak autumn gale and it quickly blasted the Buchan coast. He deeked aa roon the cane for Arrabella, but tae his horror she wis oot walking wi her three deerhounds.

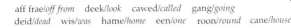

aff frae/*off from* deek/*look* cawed/*called* gang/*going*
deid/*dead* wis/*was* hame/*home* een/*one* roon/*round* cane/*house*

Aff he wint roon the coastal rocky paths looking for her, while aa o the servants looked for her in different directions. The rain wis lashing madly and the sea battered on the rocks awa doon the high cliffs.

He cried oot her name and began tae panic. The loud wailing and howling o her three deerhounds wis coming through the storm, and whin he came tae the place whar they were makin the noise—it wis obvious that a horrible thing hid happened. The cliff paths fell intae the sea below and Arrabella hid slipped intae the sea alang wi the landslide! Whin the young maister got tae the spot whar the paths hid subsided een o her pet deerhounds dived doon to its death as weel. The ither deerhounds wailed and lamented ower the death o their mistress…

The next morning her body wis found, aa battered and bruised wi the pounding o the wild waves against the rocky face o the shore. The young maister wint aboot like a ghost, as if he were a deid thing. He couldnae function, nor could he accept that his beloved hid bin taen awa frae him. It wis a real nightmare. Aifter the funeral, he locked himsel intae his bedroom and widnae come oot for months at a time. Aa o his meals were served intae his room and he wid sit doon and converse wi his wife's portrait. Een o the heid servants took ower responsibility o the estate until his maister wis fully recovered frae the shock.

Arrabella's twa faithful servants thought that they wid leave the young maister's service, since they thought that he widnae want them onymair, but whin he wis telt this he came oot o his room, and he begged Joseph and Molly tae bide wi him. He kent that his deid wife wid be awfy sorry if he didnae tak care o them, cos he kent how much his wife liked them and sic value she pit upon their services.

---

aa o/*all of* awa/*away* doon/*down* taen/*taken* wid/*would* heid/*head* onymair/*anymore* telt/*told*
awfy/*terribly*

Whin the young maister started coming oot again and attending tae some o the work that he hid sadly neglected cos o the bereavement, he started tae speak a lot tae Molly. She wis like the living link, and that bound them taegither. Molly, being a wise person, advised him tae go on a holiday and tae try and tak his mind aff o things. So he wint awa tae Europe and traivelled roon aboot the different cultures and countries. It wis while he wis in Romania, that he met a man wha wis considered a special man, wi special gifts. This man could converse in many languages and the young maister wis attracted tae him, as if under a strange spell. They spoke o the unnatural things and ither things that should never be mentioned. This man hid special powers and he knew the spells o the Apocanini, (the raising o the deid) and that made the young maister very interested…

"Can ye dae sic a thing—an can ye restore mi beloved tae me again?" he asked him.

"O yes" said the man, "but whit a price it will cost ye."

"I will pay whatever ye want. Name yer price. I am a very wealthy man o substance and if I dinnae hae enough, then I will sell mi hooses, lands, kye and everything that I possess—anything for tae get back Arrabella as she wis."

"The only price I shall ask is that whin yer life here on Earth is finished—then I demand yer soul."

"For Arrabella back in my airms, then I will pledge mi soul! Whit dae I care, whin mi life here is deen. All I desire intae this life is love and tae be wi Arrabella, and withoot her I am as weel tae be deid and gone. She is mi soul."

"Weel, I shall mak ye a contract for yer soul tae be pledged, whin yer life here is over. There are a few rules that must be obeyed as pairt o that contract and they must be obeyed completely, or the bargain will be over:

Firstly, she must be attended by the maidens o the sea, so that she will aye look her best.

Secondly, she must hae nae visitors and she can only be in your company and no one else's—other than the sea-maidens.

Thirdly she must never look upon herself intae a mirror, or anything that reflects her image.

hooses/*houses* kye/*cattle*

Will ye obey these laws and mak sure ye aye keep them? If ye dae this, then ye will be the maist happiest man intae the world again."

The young maister agrees and gives his assent and signature.

"Whin ye gan back tae Scotland, gie yersel one month tae prepare for yer wife coming hame. She will be happy as lang as ye are happy. So obey the rules and may ye hae a long and happy life."

So, the young maister comes hame tae his estate and first o aa, he gies aa o his servants a month's wages and dismisses them, except for Joseph and Molly, wha's services he retains. He tells them that he will keep them, but they are nae tae bide intae the big hoose, but that they are tae hae a wee cotter cane ontae the estate and that he is gan tae sell aa the rest o the lands he owns. He packs in aa his various enterprises and, cos he aye his money intae a lawyer, he instructs the lawyer tae send him a certain amount each month for expenses tae rin the big hoose. Then he contracts a builder tae build a very high wall roon aboot the haa, so that nae intruders wid come ower. The ither side hid the cliffs intae the sea—so it only needed a small wall. The maister prepares everything in readiness for the return o his lovely wife.

aye/*always* gan/*go* gie yersel/*give yourself* o aa/*of all* cotter cane/*cottage* haa/*hall*

Joseph and Molly wid tak care o the gairdens and the cooking and general housework, but they wid leave everything at five p.m. and wid not come back tae the haa until the next mornin. Everybody knew their pairt and they were aa prepared for this new venture. Aa the mirrors in the hoose were smashed up and buried and a large room wis set aside wi a balcony, overlooking the sea, so that the sun wid shine upon it and bonnie flooers were planted ontae the balcony. This wis gan tae be for Arrabella, cos naebody wid see her frae the sea, and in the simmer evenings she could walk in the walled gairdens roon the hoose withoot interruption frae onybody.

At last, the day came whin she wis appointed tae come back tae the young maister. The room wis prepared, and so wis the beautiful meal wi the finest o wine, ready on her table. He bought her the best o claes and jewels, wi the maist expensive perfumes o Arabia, waiting for her return...
Aboot seven o clock that evening, the sun started cooling doon and the young maister sat in the room, listening tae the waves hitting the rock awa beneath the balcony. As he listened carefully he could hear a strange haunting song, (or mair like a plaintive dirge) and it sang these words:
"Gurly, gurly growls the sea and creepy, crawls the tide..."

He kent that it wis the song o the sea-maidens, wha hid come tae attend upon his wife. He heard the door o his big haa open and the sea-maidens trailed a slimy trail as they came up the stairs tae the room.
In the middle o them, they hid Arrabella and she wis covered wi a heavy veil ower her face. Then they groomed her and brushed her long flaxen locks and whin they finished, they left tae go back tae the sea. Arrabella sat upon her bed, as beautiful and radiant as ever! His heart beat sae loud, that he thought it wis gan tae burst...
"I have returned home darling, come and kiss me,I have missed ye sae much."

flooers/*flowers* gan/*going* naebody/*nobody* claes/*clothes* maist/*most*

His life wis complete again, and he spent a wonderful
passionate night o love wi his wife.

Each morning she wid sit intae her balcony room, reading or
painting, or whitever she wanted tae dae, and aifter five p.m.
she wid get up and stroll roon the gairdens. She still hid her
aviary wi the birds, but he hid got rid o the dogs. She pined for
her deerhounds, so he promised tae get her anither een. Whin
he got a new deerhound and brought it tae her, the poor beast
howled and howled, and trembled back from her in fear, and
she wis very upset wi the whole affair. He din his best tae
console her, so then he bought her a wee rabbit and it ran aboot
the gairden and that pleased her.
Each evening, the sea-maidens wid come up tae her room tae
attend tae her and groom her and they aye sang their song;
"Gurly, gurly, growls the sea and creepy, crawls the tide..."

Everything wint weel for a lang time. The servants obeyed the rules and sae did the maister. Things couldnae be better, until een day an auld freen o the maister came tae visit. The servants widnae let him in, stating the maister wis in Europe (for of course the maister widnae let dab), but this visitor hid a picture that he hid commissioned an artist tae dae for him, and it wis a portrait o the young maister. He wisnae gan tae tak it back wi him aifter traivelling sae far, so he gave it tae the servants, wha took the picture in an pit it intae the hall. They informed their maister before they wint aff, but he thought that it wisnae hairm haeing a picture o himsel and that it may please Arrabella and she could pit it intae her room.

That evening, aifter the sea-maidens hid bung avree, he cawed his wife doon tae hae a deek at the picture. He and his wife were baith excited aboot opening it up, so he gave Arrabella the shears tae cut the string and unveil the picture o him.

Horror o horrors!.. This picture o his wis made wi a new conception o art, that wis being used throughout Europe—the portrait wis painted upon a mirror…

Arrabella screamed oot mournfully and she hid her face frae her husband.

"Whit's wrang sweetheart?" he cried.

And she turned roon tae him and said, "The spell is broken, cos I hae seen masel intae the mirror and I cannae gang on wi this awfy deception! Ye see, I love ye sae much. Why could ye nae let me bide whar I wis? I wis very happy on the ither side and I wid hae waited for ye patiently, dear one. But ye dabbled intae the black airt, and bring mi back, and the price is yer soul and that saddens mi heart sae much. Better hid ye married again and forgot me, than tae see me as I am today."

"But ye are aa I want! I see nae difference in ye, and I will love ye, nae maitter whit ye feel jist noo."

Then she held up the mirror portrait and he beheld whit she wis truly like…

---

weel/*well*   freen/*friend*   let dab/*tell (let on)*   bung avree/*gone away*   deek/*look*   black airt/*black art*

Her een were nane, her hair wis but smelly slimy weeds—her whole body wis a living mass o slime, and maggots were crawling aa aboot her. She smelled o a deid fish, and she wis exactly as she looked while she decomposed intae her grave, for that is whit she wis—and it wis only a vision o beauty, a shadow, that her man seen—until the spell wis broken and he seen her for whit she wis. She ran oot o the hoose screaming and she gade back tae her grave again; but he wis gan stone horn mad wi himsel and the horror o whit he hid deen and whit he hid bid bin sleeping wi—drove him mad.

He ran tae the high cliffs and he threw himsel aff the rocks intae the sea below. His body crashed upon the jagged rocks and later wis washed up upon een o the shores close by.

Yet he wisnae quite deid... The pains raked through his body and as he wis waiting for death tae tak him, he minded upon the bargain he hid made through the black airts, wi the strange man intae Romania. As he lay gasping his last embers o breath, he saw the sea-maidens coming for tae tak him awa tae their domain beneath the sea, whar he wid gan for eternity. He kent noo that he hid lost his bonnie wife forever, but if he hid bin patient and nae dealt wi the black airt, then he wid hae got his wife intae the next world.

It wis too late noo tae repent and he kent he wid hae tae pay the piper. Wi his last breath, he could hear the sea-maidens singing their weird sang:

"Gurly, gurly, growls the sea and creepy, crawls the tide..."

So ye see why traivellers never camp intae they fields or spot—in case the sea-maidens come for them!

"Gleam a lesson frae that tale. Monie and wealth can gie ye an awfy lot o power but beware how ye harness that power, for it's nae worth losing yer soul by interfering wi the black airts."

---

een/*eyes* nane/*none* gade/*went* gan stone horn mad/*completely mad* een/*one* bin/*been* they/*those*
monie/*many*

"Strange and eerie things dinnae only happen intae the country, for they tak place intae the city as weel. Noo here we hae stopped intae the front o a hoose intae Aiberdeen; so Stanley—let the tale begin!"

THE SIX DAYS

O whit an awfy hoose-prood wifie she wis!

She aye hid great illusions o grandeur and why I dinnae ken, cos aifter aa she wis only an ordinary traiveller lassie, wha kent whit it wis tae bide intae a camp whin she wis younger. Her right name wis Alexandrina, but aabody kent her simply as Rena. She got mairried tae Greevie, wha wis a scrap metal merchant and he hid a guid wye o living. The man wis a grafter and he niver let the grass grow under his feet. Between them, they hid twa laddies wha were very good fellas, and they were able tae help their faither wi the scrap business. The man very often wint awa wi his laddies, oot tae the country and they wid bide awa for sometimes mair than a week, tae try and get scrap metal. It wis a time whin scrap metal wis fetching a braw price.

Rena occasionally wint wi them for the hurl, but she never really got involved wi the traiveller folks that he often got intae dealings wi. I'm sure she wis a bittie ashamed o her humble beginnings.

dinnae/*do not*   weel/*well*   noo/*now*   hae/*have*   prood/*proud*   wifie/*woman*   grafter/*worker*
braw/*handsome*   hurl/*ride*

Her hoose wis a showpiece. She hid three rooms in her privately-owned hoose and she hid a special room that she cawed her parlour, which wis never used unless she wis entertaining the minister, or some o her snooty freens frae the Lady's Club. Whin she hid visitors, the very best o hand-painted china came oot, wi the napkins and aa the folderals. Then there wis a beautiful, highly polished piano wi aa its fittings tae match. She hid heavy, blue velvet drapes ontae the windaes and her front fireside wis jist full o ornamental brasses, whilst the grate wis carefully black-leaded. She couldnae be faulted for presentation o her cane and her mainners were impeccable. She didnae allow Greevie or the twa laddies tae enter intae the parlour; they hid tae aa jist be contented tae sit aboot intae her very large scullery. Greevie wis a rough-spoken man, but somehow he wis aye awfy henpecked wi Rena, yet the boys were weel mainnered and they were brought up tae hae respect for things. Rena's intentions were right, but somewye alang the road she kind o lost her vision o things.

Eence whin she wis oot wi Greevie on een o his errands, he hid tae gan intae a been rannie cane, tae mak a deal wi this toff gadgie, and Rena wis dying tae gang intae the cane, tae deek tae see whit like the toff manishee kept her kier. So she wint intae the hoose wi Greevie, tae hae a gander roon aboot, tae see if she could gain ony tips for tae improve her ain style o daeing things tae her cane. Whit a barry deeking cane it wis an aa. There were tapestries and hugh paintings ontae the waas, and aa o the furniture wis Chippendale and it wis aa in a Regency style, made oot o mahogany. Rena's een wis fair jumping oot o her heid!

The been manishee came oot, and took Rena a walk roon her estate and roon the gairdens, while the gadgies were manging aboot the price o the deal or bargain they were making.
Rena said,"What lovely Regency furniture ye hae, mam."

jist/*just*   cane/*house*   been rannie/*very grand*   toff manishee/*grand lady*   kier/*house*   gander/*look*
barry deeking/*fine looking*   waas/*walls*   been/*fine*   manging/*talking*

"O, I am so glad my dear, that you admired it—they are family heirlooms, but we seem to have far too many items of furniture for the house, and there are so many things that I just keep inside one of our cottages on the estate. Would you like to see some of them?"

"Yes please mam!" cried Rena.

The lady then called for een o her gairdeners tae gang and get the keys o the cottage.

Whin the jigger o the cottage wis open, whit a feast o beautiful furniture wis in the cottage! Rena's een lit up and she fair coveted aa this guid stuff... everything wis Georgian, except for een very large mahogany wardrobe, and that wis late Victorian and wis the only item o furniture that wis really oot o place wi the rest o the stuff.

"You are probably aware that this piece is not one of our genuine articles, but it is a lovely example of late Victorian workmanship nevertheless. This is a piece we used to have in the house, but I decided tae remove it and to have all my house done up in Georgian style. This piece is therefore no longer of use to us, as it is very difficult to match up."

"O mam, it is such a beautiful wardrobe—and I would give my eye teeth for it!"

The lady smiled and said, "you can take it away any time you want, I give it to you as a gift. It serves no purpose in this little cottage, which anyhow we keep only as a store."

Rena wis ower the moon and she could not wait tae get her man and laddies, tae get the wardrobe hame tae her ain room. The man and twa laddies, alang wi the help o anither three gadies, nearly ruptured themselves shifting this thundering wardrobe that weighed half a ton. Rena wis screaming at them when they made the slightest slip-up, cos she didnae want tae hae ony scratches ontae it.

Aifter the lads near croakered themselves, they finally got the mammoth wardrobe intae their hoose. Rena wis perfectly happy wi it, cos aa the rest o her furniture intae her bedroom

jigger/door gadies/lads ony/any croakered/killed

wis made oot o mahogany, and this showpiece jist set aff everything. She got oot her dearest polish and she rubbed and rubbed until ye could see yer face intae it.

She got it on a Monday aifterneen, and it jist sae happened that her man hid tae gang oot tae the country wi the twa laddies for a week, cos they were getting a doze o metal frae an auld foundry that wis closing doon. There wis as much metal intae the place and the surroundings, that it would tak a week tae shift... Greevie wis fair glad tae get awa frae the wife for a few days and sae were the boys as weel; so they wint oot wi a guid vardo, so they wid hae shelter while they were awa. The man hid plenty o lowdy and did things in style.
Rena fairly packered hersel polishing this wardrobe; so that by late evening she wis deen oot. Aifter a light supper, she wint tae her bed wi her heart fair intae this wardrobe.
The jigger o the wardrobe hid a funny lock and every sae often it aye sprung open; Rena thought tae hersel that she wid get in a specialist tae fix the lock, cos she wanted it right and she wisnae gan tae let Greevie touch the lock. She wid pay tae hae it mended properly.

That night she fell asleep, but through the night she woke up tae the strange sound o music. The wardrobe jigger then flew open and oot came a handsome, young, dark curly-heided fella wi the bluest een ye ever hae seen and he wis playing a fiddle... He played the bonniest selection o strathspeys and reels and aa kinds o tunes, frae slow marches tae waltzes and jigs. Rena thought she wis dreaming and she jist says tae hersel, "I'm in a dream and cos mi heart his bin intae the wardrobe aa o the evening, I'm jist dreaming aboot it."
The handsome man played upon his fiddle for ages and whin he finished he wint ower tae her bed and he kissed her, and then he wint back intae the auld wardrobe.

sae/*so*   doze/*a lot*   guid vardo/*good living-wagon*   lowdy/*money*   packered/*exhausted*   deen oot/*exhausted*   een/*eyes*

Whin she awoke in the morning, she wis very tired and her een were aa blearie, as if she hid bin awake aa night. Though whin she thought on how realistic the dream wis, it kind o made her think... it wis not an unpleasant dream, in fact she liked the dream. The young man wis sae handsome and sic a guid fiddler, she widnae mind haeing anither dream aboot him! Weel, that wis the first night wi the wardrobe intae her room.
Aa next day she wint aboot her work and at night she retired tae her bed. She laughed tae hersel whin she thought upon the dream she hid the night afore. Weel there's nae sic luck tae hae the same dream twice.

She fell intae a sound sleep; and through the night she awoke suddenly, wi the noise o the wardrobe door opening again. As she deeked ower tae the the wardrobe jigger, oot came the handsome man again and this time he wis playing an accordion, and whit a braw player he wis! He played melodies

sic/*such*   deeked/*looked*

she kent and many unfamiliar tunes. She wis sae fair teen wi the music, that she got up and danced a jig. Her body felt sae light and nimble and she seemed tae hae great energy... weel, she danced for ages, until he stopped playing. Before he wint awa, he danced a dance wi her and then he kissed her passionately ontae the lips. She felt very excited.

The third day she wis strangely thrilled by her dreams and she deeked in through the wardrobe tae see how like it wis inside, but it wis nae different frae ony ither een, except that it wis much bigger and roomier. It wis only the excitement o getting the wardrobe and it wis affecting her dreams. It wis only a coincidence that the same dream reoccurred, for it widnae happen a third time... but indeed it did.

On the third night, the jigger burst open again and the room wis fair ablaze wi light and music, and this time the handsome man came oot playing the bagpipes... weel she hid kent many fine pipers amongst the traivellers, but never a piper like this! His fammels could fair mak the grace notes and the doubling ring oot, and his pipes were gang like bells. Eence mair she got up and danced and this time she could nae stop jigging—the mair he played, the harder she danced and she saw that her feet were bleeding. Aifter whit seemed like hoors he stopped playing.

Before he wint awa this time, he fondled her bosom and again he kissed her very strongly, and then wint back intae the wardrobe. And whin Rena awoke, she wis lying ontae the fleer, wi aa the bedclaes aroon her and her tramplers were sae sair and bleeding that she hid tae pit healing balm upon them!

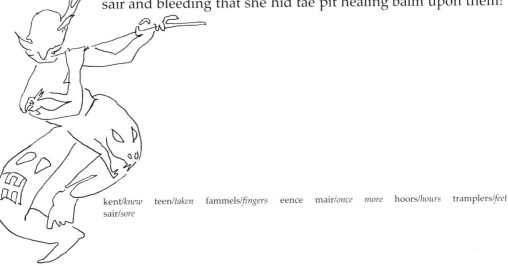

kent/*knew*   teen/*taken*   fammels/*fingers*   eence   mair/*once*   *more*   hoors/*hours*   tramplers/*feet*
sair/*sore*

Whit wis happening tae her? She wis haeing very weird, vivid dreams and noo she wis sleep-walking... yet she wis nae in the least bittie feart. The wardrobe wis beginning tae hae a narcotic effect upon her, and she liked the dreams and she liked the fella in the dreams that wis sic a great musician.

She couldnae wait tae get tae her bed ontae the fourth night. Eence again the very same pattern took place. The jigger o the wardrobe sprung open and she awoke at the same time. O whit barry music the handsome gadgie could play! Rena wis overjoyed wi hersel... she kent she wis in a dream, but she wanted it tae be real. The flute played and she danced. This time she danced sae lightly and sprightly, and though she could feel her legs being sair, she couldnae dae nae ither thing but dance as if in a spell, or trance; as lang as the flute played, she danced aa through the night. Whin he stopped playing she fell ontae the ground and he came over tae her and for the first time, he spoke tae her:
"You are in love wi me and I hae ye under my magic spell—you will dance to my music until I tire of you!"
Then he felt her legs and breasts and kissed her twice on the lips. Rena wis afraid this time, cos there wis something sinister and evil aboot the wye he manged tae her.

The fifth night wint the same wye and she woke up wi a great noise o music, and this time he hid a hugh horn. Whit a loud deep sound it wis makin. She wis sae tired her legs were faaing underneath her with pure exhaustion. Still, this wis only a dream, so why should she be under a strange spell? She must hae the power surely, tae waken hersel up oot o the weird dream before it got oot o han. Perhaps she wis losing her mind, she thought tae hersel. Yet she dragged hersel up and she done the weirdest dance—as if the steps were being shooted oot tae her and she couldnae resist the man wha played tae her...

haeing/*having* feart/*afraid* barry/*fine* gadgie/*man* manged/*talked* faaing/*falling* han/*hand*

He stopped playing and then he cam ower tae her. She wis sae tired that she fell upon her bed. This time he came ower and started tae fondle her and heavily kiss her…

She wisnae gan tae hae ony mair o this and she struggles and struggles until she fights aff his advances, "Get awa back tae Hell whar ye belang! I'm a decently mairried woman wi a faimily and I'm nae a strumpet. Ging awa and get some streuchomoor tae play wi, but leave mi in peace—noo awa wi ye!"

He gangs awa, very angrily and he says tae her, "I'll be back tomorrow as usual!"

Aa o the next day she wis tired and weary. She felt dirty wi the dreams she wis haeing and she thought that she wis losing her mind. She wished that Greevie wis hame.

Then upon the sixth night the same thing happened… whin she awoke this time, the room wis covered intae a strange blue mist and the room wis as cauld as a deidhoose. This time the jigger opened up very slowly, and the music wis unusually chilly, and noo he wis playing a lyre. O, the room hid a bad atmosphere and the man hid a red silk scarf in his hankie pocket. He played and played, but Rena widnae dance and she resisted his evil power and devilish handsome looks. She widnae be tempted tae faa under his chairm and though he played for ages she wid not give in. Her will power wis strong and she shouted, "This is a dream and ye are but a figment o mi imagination so awa ye go!"

He stopped playing and he came ower tae her, tae try and lure her intae his chairm. Still she resisted and she felt she wis winning—there wis nae wye she wid let him kiss or fondle her. She strongly fought him wi her mind.

But then he turned intae a horrible, ugly, wee warty dwarf and he pulled oot the silk scarf frae his pocket and pit it aroon her throat and he started tae pull at her neck wi aa o his might. Rena felt aa the breath leaving her body but she wis a strong-willed woman…

belang/*belong* streuchomoor/*prostitute* cauld/*cold* deidhoose/*mortuary*

There wis a shillelagh lying beside o her bed and she struggled wi this dwarf until she broke loose... and she got hud o the big bludgeon and she come pewhick and pewhack aff the dwarf. She gaed him laldy! The hammering didnae stop until she battered him saft and he wis glad tae gang back intae the wardrobe and even aifter he wis gan, she battered intae the wardrobe...

In the morning her throat wis aa bruised and the wardrobe wis battered wi marks. She wint right oot for Greevie and telt him tae tak awa the wardrobe immediately and burn it. Greevie did as he wis telt, cos it wis a waste o time arguing wi a cantankerous woman.

Weel, frae that time, Rena wis still a hoose-prood crature, but she never allowed ony mair auld-fashioned Victorian wardrobes intae her cane!
Whitever the history o that wardrobe wis, it must hae bin a piece o furniture that wis made by een o the lairds o the black airts, and for some unknown reason, got lost and landed up in the big hoose. Maybe een o the black lairds bade intae the big flashy cane whar she first got it oot o!

"Aye, that's so Stanley, and it shows how sometimes ye can pit too much faith and love intae an auld bit o furniture. So aye remember that living things is mair important than sticks and aye pit yer faimily first afore possessions, so that the material things dinnae get a hud o ye."

shillelagh/*club*   hud/*hold*   gaed him laldy/*battered him*   crature/*creature*   bade/*lived*   cane/*house*   35

"Weel, we're noo halted here nae far awa frae Lumphanan, where mony a strange tale is telt roon the firesides o the traivellers as Stanley kens, so aff ye gang, loon!"

THE HOUSE OF SPIRITS

It wisnae the best o times for Stanzie and it wis a time whin he couldnae mak ends meet. His wife Leebie hid five wee kenchins and anither yin in the oven. Nae maitter wha hard he tried tae get work daein onything at aa ontae the fairms, it aye seemed tae turn oot fruitless. Aye, there wis a bad depression upon the country—an abody wis in the same boat. They hid bin biding intae an auld kind o a cotter hoosie near Banchory, but it wis sae smaa that there wis nae room for aa o them. Leebie's folks were traivellers and they were camped oot at the auld road o Lumphanan, so she thought that it wid be better if they aa packed up and wint tae bide wi her ain folks, until the prospects got better. So aff they gaed tae Lumphanan.

The traiveller folks could aye mak a living aff o the country hantel and tae them it wis a guid simmer. Leebie's mither wis fair glad tae see her and the kenchins, but Stanzie wis a country pluchie and he wis aye wary o Leebie's folks. The folks wis aright. It wis jist he wis a stranger amongst them and he wis aye brought up tae be careful o them. The folk didnae mind the laddie and they aye tried tae treat him decently. Weel, they bade wi the traivellers for aboot four weeks, and Leebie's mither slipped them a five rege note tae help them on their wye. The wee kenchins fair brosed intae the fine simmer sun, and they were aa weel fed and claid.

loon/*lad* kenchins/*children* wha/*how* cotter hoosie/*cottage* gaed/*went* hantel/*people* simmer/*summer* pluchie/*farm worker* aye/*always* rege/*pound* brosed/*bronzed*

One aifterneen a country gadgie, wha kent Stanzie real weel, telt him that there wis an auld cottage cane doon frae Craigievar Castle and that it belanged tae a wealthy manishee, wha hid a barry hoose aboot half a mile frae it and that if he wid gang an see aboot it, he might jist get it for almost nixie. Stanzie wint up tae the manishee tae speir aboot the empty cane and by a sheer stroke o luck, naebody else hid seeked for it, so he got it. Nae only that, the rich manishee offered him a pairt-time job ontae her big dairy fairm and so the hoose he wid get rent free besides. He wis ower the moon wi joy and his faimily were delighted. So aff they set for their new hoose.

Whit a rare hoosie it wis an aa! It hid a big maister bedroom doon stairs and a great big kitchen wi a fire-grate; twa large pantries and a big scullery. Up the narrow winding stair, there were twa wee rooms and a fine big landing. An, tae mak everything even better, it wis completely furnished—they hid naething tae buy for it except oil for the tilly lamps. There wis a fine burning wid stove and the water wis inside the scullery frae a pump. Stanzie jist couldnae believe his guid fortune.

Somehow, Leebie being a traiveller quine, felt a sense o disquiet aboot the hoose. She telt Stanzie aboot whit she felt inside, but he telt her nae tae be sae silly. Onywye she kept her peace for the sake o nae spoiling her man's happiness.

Stanzie wint awa tae dae some work for the wealthy manishee and Leebie tried tae get settled intae the hoose. She started cleaning up the rooms and makin the kips. When she lit the fire o the wid stove, she thought there wis a shan kind o stoor coming oot o it—as if something really very auld wis burning inside o it. Then, whin she started tae cook a bitie o habin for her man, she hid the queerest feeling that somebody wis watching her: there were een peering at her through the doors and cupboards and at the windaes... everytime she turned roon, there wis jist a second glimpse there... Leebie wis uneasy. She thought that it wis jist tiredness and imagination playing tricks ontae her nerves.

wha/*who* nixie/*nothing* wid/*wood* quine/*girl* kips/*beds* shan stoor/*awful smell* bitie o habin/*some food*

It wis naething that a wee slum widnae remedy. She wint ben tae the master bedroom and she lay upon the bed. Her kenchins were oot playing themselves intae the big gairden ootside and she could deek them playing awa contented. It wis early evening on a fine hot simmer's day.

Weel she jist fell intae a deep slum and fin she wakened up, the room wis deid cauld. The woman could see and hear her kenchins playing ootside o the windae and as she looked, she saw a great big Indian gadgie wi a turban and very bright robes, come doon past her bairns an then ower tae the windae whar she deeked oot o. "Wha can this be ?" she thought tae hersel. Then, this Indian gadgie came right up tae the windae and gave a lang deep penetrating leer... It lasted for only a few seconds, but it flegged Leebie. She got up very quickly tae see if her bairns were aright. The bairns were fine and they never saw nae strange gadgies gan aboot. The incident prompted Leebie nae tae sleep intae the comfortable master bedroom . Instead, she telt Stanzie that she wid like tae sleep in een o the upstairs rooms, so she could be beside her kenchins in case they turned nae weel. Stanzie didnae mind sleeping upstairs, he wis jist sae glad tae hae a hoose tae bide intae.

Noo the lavie wis ootside o the hoose an doon the road a bit, so Leebie got a clatty pail for the bairns tae use, so that they widnae hae tae gang oot o the hoose during the night. Leebie and Stanzie took the room tae the right o the stair and the bairns were pit intae the room on the left. It wis a very warm evening, so Leebie opened her windae a bit tae let in some fresh air. Her bed wis next tae a great thundering fireside that hid bin closed up for eons; she lay next tae this fireside, her wee lassie Susie lay in the middle and Stanzie lay on the ither side.

slum/*sleep* ben/*back* deek/*see* flegged/*frightened* lavie/*lavatory* clatty/*dirty*

Through the deid ceelings o the night, Leebie awoke tae find the room chillingly cauld. She could hear aa the nocturnal cratures o the night like the frogs and moths and things. Then she heard a strange scraping behind the fireside and she thought it might be loochies; but then, tae her amazement the fireside started tae creak open and a dark peering gap wis there... and a big hand come oot o the darkness and rested upon her breasts. She couldnae move nor scream, but only lie there as if in a trance. There were solid silver and gold Celtic rings upon the fingers o the hand and the occasion lasted for aboot half a minute. Then the hand withdrew and the fireside closed up its secrets and the room turned fine and warm again. Leebie pit it doon as a wild nightmare!

The next day aathing wis fine and the weather wis sae bonnie. Stanzie liked his job and his cane, but Leebie still aye felt the presence o something aboot the hoose. She didnae tell naebody o her experience intae the room. The next night she telt Stanzie that she couldnae sleep beside the fireside and asked him tae swap sides wi her. He agreed and they wint tae their beds.

Again it happened... through the deid ceilings o the night she awoke and the room wis deathly cauld. She listened tae aa the sounds coming frae ootside. Then she listened tae aa the sounds in the hoose. It wisnae pitch dark and she could see quite clearly in the night. Then she heard a sound coming frae doon the stairs—she thought that it wis een o her big laddies using the dirty pail, at the jigger doonstairs. Her heart beat faster and faster, for she heard heavy footfalls comin up the stairs, een at a time. They rested in the landing and she could feel the presence o someone, or something, at the jigger o her room. Whit frightened her maist o aa—wis this wid be the third time: first in the maister bedroom, second wi the fire-side—but this wid be the maist evil o them aa! She froze solid and she could hear the poundings o her heart. She couldnae move a muscle, her whole body lay as deid.

The latch-lift moved upwards and the jigger pushed open, and there, in full view wis a tall dark figure o a man, wi a lang dark robe like that o a priest and funny lang beads doon his robe. His sheen were lang, black and pointed and his hair wis grey at the temple, and looked a bit receding—whilst his een were deep sunken in and he hid one, big, black eebrow. There wis a maist sinister aura aff him and ye jist kent he wis an evil presence. This weird tall gadgie came slowly ower tae Leebie—wha could dae naething at aa tae help hersel. He taen her right wrist intae his hand—it wis like an icy blast and as he deeked doon at her, she saw that he hid the face o a corpse. Clay wi nae soul! Leebie could only move her yaks but inside

jigger/*door* sheen/*shoes* yaks/*eyes*   41

her spirit screamed for help. She remembered her auld nesmore's words o wisdom, "if ye ever encounter onything evil, then curse it back wi evil tae get rid o it."

She kent that evil cannae tak its ain curses... Leebie jist managed tae get her strength and she screamed a banshee howl and started tae curse and swear like a possessed being. Then she lashed oot at it wi her airms and she punched it hard—but there wis naething there. It hid gone. Even though it hid vanished, it left a very evil presence intae the room and it wint intae Leebie. Madly, she screamed at Stanzie and wi wild fury she bit him upon the neck and, exactly at the same time, wee Susie screamed and she bit her faither ontae the neck as weel. The man wis frantic wi the evil that wis in the room! Then it aa quietened doon and the room became warm again. Leebie said that she widnae bide intae the cane anither night, but her man telt her it wis only bad dreams she wis haeing.

During the next day everything seemed tae be great and the bairns were happy there. So Leebie made one ither effort, for the sake o her faimily. She telt her man that she wid only bide intae the hoose at night, if they aa bade intae the bairns room. An that is whit they done; they aa moved intae the room at the left hand side o the stairs, tae whar the kenchins slept.

Weel, through the night ye wid hear plates faa and folk walking aboot—the cane moved aa night as if it wis alive—but naething ever came intae the bairnies room. Whether it wis because the kenchins hid an innocence aboot them that kept evil oot, or whether that room hid never bin afflicted wi the evil, there wis nae problem there. Leebie then began tae get accustomed tae the hoose and perhaps the hoose became tolerant tae her. Onywye, nae real threat tae her occured again, though she aye felt there wis folks keeping an eye upon her, but she wisnae trash o the hoose.

nesmore/*mother*   trash/*afraid*

Aboot three months later Leebie wis manging tae an auld culloch, wha bade aboot twa miles frae the the hoose and the auld woman telt Leebie that that hoose whar she wis biding wis supposed tae be haunted and that it hid an event o happenings intae it—naebody wis kent tae bide intae it for mair than a week or so. It wis a hoose that wis mair times empty than used.

The auld culloch manged that lang ago that hoose wis owned by an Indian gadgie, wha wis supposed tae practise the black airt. Naebody wid gang near the hoose in case he wid pit a curse ontae them. For some strange reason he wis awfy guid tae bairnies and he aye gaed them presents and things, but the folks got feart and they kept their bairnies awa frae him. One day he jist vanished an naebody ever seen him again, but folks say that he is aye supposed tae be seen intae his hoose.

Leebie stayed intae the hoose for over a year—but then Stanzie got a guid job as a gaffer at a fairmie on the Donside, so they left the cottage. The cottage still lies uninhabited—and it is waiting for a faimily tae come and bide intae it!

"Noo ye'll understand how if we hae the courage and innocence o wee kenchins then naething can truly hairm us—for truly, it is nae the dead that we need fear—but the living."

culloch/*old woman*   bairnies/*children*   kenchins/*children*

"The best thing aboot traivelling intae oor Timeless Vardo is that I can stop it ony wye or at onytime whin I choose. Noo I think that ye will aa enjoy oor wee bidie here at Pitsligo, while Stanley mangs o a special event that happened here."

TAM'S TALE

Tam wis a young fella reaching the age o twenty and one, and he bade wi his mither in a wee smaa cottage, quite near Pitsligo. He wis a peer laddie and tried tae work hard for the laird ontae the large estate, tae earn enough coppers tae keep himsel and his mither. Tam, for many years, hid suffered frae a slight consumption, but as he wis getting aulder the disease increased until it became galloping consumption.

Noo the disease wis gan aa through o his body and every day his host wis getting aye the mair sairing and harsher. As his work wis beginning tae slip, the laird o the big estate telt him tae bide aff for a couple o weeks until he felt better. The laird wisnae a bad gadgie at heart and he felt sorry for Tam aye being sae nae weel.

Tam wis very much in love wi a bonnie, fair-haired lassie caaed Madgie, and they hid promised each ither that they wid get wad aifter he wis twenty and one. They baith hid saved by like mad, tae pit by one pound for their top dresser. It wis the custom in that days tae hae a pound o yer ain, afore ye started a hoose taegither and a pound wis a rare start, for there wis sic muckle ye could dae wi yin. Madgie also worked intae the big hoose and she got on very weel wi the laird and his wife. Madgie loved Tam dearly and they were a love-match; she kent weel that he hid the disease and if they got hitched, then she might jist be a widow in nae time.

bidie/*stay* mangs/*talks* host/*cough* sairing/*sore* sic muckle/*so much* yin/*one*

Weel, Tam wis sae sick in health that he wint tae see his doctor, tae see if he might get a tonic or something tae gie him some strength. The doctor, aifter examining him says, "laddie, I'm very sorry tae tell ye that yer lungs are finished—and ye winnae be getting mairried, cos ye will leave the lassie a widow within a maitter o days."

Tam wis really scunnered at heart wi the news… so he decided if it wis gan tae be his last few days, then he wis gang tae enjoy himsel wi the little time he his left. He taks the pound that he his saved by—and he pits ten shillings o it by for tae leave tae his auld mither, and the ither ten shillings he taks wi him and aff he gangs tae the taivern in Pitsligo.

It wis a horrible night o rain, but Tam wisnae worrying aboot getting soaked, cos it widnae alter the fact that he wis dying frae an incurable disease… Whin he cam intae the taivern there wis nae ither soul there. It wis far too wicked a night for folks tae come oot. The landlord served a hale bottle o the hard stuff and Tam jist drenched his sorrows intae the booze.

A coach and horses wis heard coming up tae the door o the taivern and minutes aifter, a tall handsome, dark-skinned man came intae the taivern and he called for a bottle o whisky as weel. He deeked like a real gentry pottach, and he must o hid lowdy, cos it wis very seldom onybody wid caaw for a hale bottle o whisky. The tall man cam and sat doon wi the bottle, beside whar Tam wis sitting.

"Dae ye mind if I join ye, for I am a very weary traiveller and I have stopped here for the night. The weather is so bad, that I will sojourn here for the night and continue on my journey tomorrow."

"Sit doon if ye want tae. I cannot stop ye sitting whar ye want. Ye winnae fin me ony company, cos I'm half boozie and I hae plenty o worries o mi ain."

"But Tam, ye dinnae hae ony worries at aa! How wid ye like tae hae yer guid health and strength back again, and plenty o wealth and prosperity and land, and as much guid things as ye want? Ye can even provide for yer auld mither."

scunnered/*fed up*   pottach/*man*   lowdy/*money*   caaw/*call*   mither/*mother*

"Ye must be a right corrach, thinking that ye hae the power tae gie me ony o they things! I'm afraid there is many things money cannae buy."

"But I dae hae the power tae grant yer heart's desires! And I am willing tae gae ye these things if ye will sell tae me een o yer possessions."

"A rich gadgie like yersel, whit could I gae tae ye that wid be o ony value?"

"I ask for yer soul."

"Shanish, for aa that's worth ye can hae it."

The man then produces a contract and he gies Tam a pen. "There ye are, jist sign yer name ontae this contract and yer heart's desires will be fulfilled."

Tam looks hazy-like, and says tae him, "I ken I'm drunk and this is only a dream I'm haeing, but—whin will the contract expire?"

"At death," says the man.

"I dinnae want it at death, for if that wis tae be tomorrow, whit use wid that be tae me—but will ye gie me anither deal?"

"A'right, I'll gie it tae ye—on the purchase o yer soul—if ye ever let a candle burn tae the end."

Tam then gets in this new agreement intae the contract wi the tall man; he signs his name, and the tall man taks awa the contract and bids his leave and retires tae his bedroom, intae the upstairs o the taivern. Tam jist laughs tae himsel and thinks that he his met a real dinley, and he faas asleep intae the taivern. The landlord jist spreads him ontae the bench and covers him ower wi a blanket, and leaves the laddie tae sleep it aff.

Intae the morning, Tam awakes and he finds himsel intae the taivern. He apologizes tae the landlord for makin a nuisance o himsel, but the landlord jist laughs and thinks nae mair aboot it. Tam feels ashamed o himsel for spending sae much o the hard earned lowdy, "Och whit daes it maitter, cos I'm gan tae be snuffing it soon."

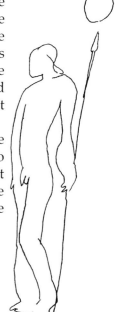

corrach/*silly person* shanish/*(exclamation of panic)* dinley/*fool* snuffing it/*dying*

As he walked alang the road, aifter a night o the batter and it being the morning aifter, he felt quite weel: "Jings, if a guid dram maks ye feel sae weel then I'll hae tae gang tae the taivern mair often!" he says tae himsel. He louped up the road hame. He wis feeling on top o the world. His auld nesmore hidnae seen him looking sae weel for sic a lang time! A great new lease o life seemed tae be upon him. He worked at clearing up roon aboot the hoose and he done mair tae help his mither than he hid deen for ages.

louped/*bounded* hame/*home* nesmore/*mother* deen/*done*

He wint back tae work for the laird, wha wis sae impressed wi Tam, that he gave him a promotion tae the heid-keeper o the estate. Tam wis ower the moon wi joy. He wis makin guid lowdy and in nae time at aa, he hid saved by anither pound and anither aifter that... Noo he hid enough tae mairry Madgie. Before he could get mairried, he wint up tae the doctor tae see how his health wis and tae the doctor's entire amazement, Tam wis given a clean bill o health. Everything wis jist perfect.

Then he minded upon the tall man intae the taivern. He hid contracted his soul for aa o these things! He remembered the contract, and the bit whar it says that he wid only forfeit his soul—if he let a candle burn doon tae the end. He didnae worry aboot that intae his mither's cane, cos she wis sic a frugal wifie that she widnae let a candle burn ony mair than wis necessary.

So Tam and Madgie got hitched and they hid a very fancy do o it. The laird, as a wadding present, gaed untae the young couple a useless acre o land that he hid, cos it wis far too rooty tae be plooghed. Whit a wonderful present tae get and the laird even gaed him a title deed for the auld bit land and the cottage on the land as weel. It wis an auld broken doon thing, but wi a few repairs it could be habitable. The laird wis very pleased wi Tam, cos he wis honest and hard-working and Madgie wis like his ain lassie tae him.

Tam, whinever he got the land, it became arable and wi hardly ony work at aa he wis growing fine crops, which he selt tae the mairkets and he gave a generous token back tae the laird, wha wis pleased tae see the young couple daeing sae weel wi the acre o land. Tam wis in complete charge o the estate noo and he kept aathing ticking ower fine. Everybody wis happy there. Tam made a strict rule intae his ain hoose—that neer a candle should be lit that wis three-quarter doon—and he bought only big church candles that seemed tae last for ages. Everything that he took pairt in, or touched, seemed tae prosper and sae too the estate as weel.

Seven years passed, and Tam and Madgie hid a few bairns and they were completely happy.

Een night, Tam hid tae work extra late ontae the estate and he came hame very tired. His wife hid bade up late tae feed him, but she wis faaing aff her feet wi sleep, so he telt her tae retire and he wid fend for himsel. He hid some ledgers tae fill in, so he sat eating and writing intae the ledgers. His een were getting awfy heavy and Tam nodded aff.

Oh! But whin he awoke—the tall-looking gadgie wis stannin aside him:
"I hae come for yer soul!"
And he pointed tae the candle on the table…

Tam hidnae noticed it wis sae far doon, and wi him sleeping it wint right doon tae the last few flames on the wick… Tam jumped up tae his feet, caught hud o the last flame in the candle, made it into a baa and swallowed it!

And then he said tae the man, "Whit candle?"
The man (wha wis the Devil), screamed blue murder and cried:
"I hae bin cheated!" and he vanished intae a blue flame that burned roon aboot the fleer whar they were standing.

Tam hid beaten the Devil wi his sharpness o mind and wit. He wis saved!

And there really is the cottage hoose intae, or near, Pitsligo—whar a scorched mark still stands embedded ontae the stone whar Tam hid beaten the Devil by swallowing the candle!

"Unlike were first stop, can ye no see that Tam wis drunk whin auld Hoddie made a bargain wi him and that left the fella wi a wye oot o it. Yet, mair important still, if ye dabble wi the black airts an ye ken whit ye are daeing, then the consequences wid be a damn sight waur!"

auld Hoddie/*the devil* wye/*way* waur/*worse*

"Ah ha! Ye will aye like where we are noo, cos this tale takes us tae the present and this yin is aa aboot the motor car—so on ye gae, Stan!"

Noo, Zander come frae Devon and he wis a pure toff gadgie.

He hid the best o education and he wint tae a public school; his hantel were very wealthy landed gentry and they hid a very large estate intae Devon. His mither wis a famous actress o the theatre, and his faither wis high up intae the farming circles and bred cattle and horses.

Aifter Zander hid deen sae weel wi his college, he started tae practise law. It so happened that he wis a junior partner intae a fine office o solicitors, intae Aiberdeen, and he wis daeing very weel for himsel and o course he aawyes got a very substantial allowance every month frae his parents. He enjoyed spending his weekends walking, up the Deeside, and nearly every simmer he wint away up tae walk aboot the Glentanner estate, or up tae Glenmuick. He used tae tak his rucksack, or sometimes his whole camping stuff and camp oot, and sometimes he wid bide intae een o the hostels, so that he could mak freens wi some o the young hikers that were aye gan aboot. Zander hid quite an uncomplicated wye o daeing things—until he hid the the misfortune tae faa in love wi Sasha.

And Sasha wis a real Romany lass, o east European stock. She lived wi her mither near the village o Banchory intae a very classy vardo, and her mither hid a fortune-teller's booth intae the city o Aiberdeen. Sasha's hair wis like the sun and it shone sae bright and sae bonnie. She wis twenty years old, but she kent she wis a beauty and she knew how tae bamboozle men, and Zander hid the misfortune tae faa intae her chairms!

Een time, Zander wis walking up by Banchory, whin he met this lovely girl walking her jet black stallion. It wis a maist handsome sheltie and Zander, wha of course wis brought up wi horses, started tae chat wi the bonnie lassie. Sasha seemed very aloof, but Zander wis ensnared intae her trap and she kent it. Frae the very first time he met her, he wis in love wi her mysterious wyes and her tempestuous nature. She could change like the wind—sometimes she wis like a gentle breeze and next moment she wis like a hurricane. No man could bridle her. She wis her ain mistress and she wis not the kind o lassie that could be tamed. Zander loved her volatile nature, cos it excited him and he never bin in company wi sic a woman. Her Romany background did not effect his affection for her—he wis her slave and she commanded him; he wid agree tae her every demand.

Zander wis a tame sort o fella and wi his nice upbringing he wisnae accustomed tae this new, wild kind o girl. She took everything that he gave her and gave nothing in return. He showered her wi expensive jewels, furs, perfumes and other costly gifts, tae which sometimes she would hardly respond; her love wis nae for sale. She hid him on a string, yet she never gave him false hopes of her affections, money or property jist didnae hae ony influence upon her, though Zander thought that he must eventually stir her up. She wis cool and aloof tae him and never sae much as gave him a kiss in return. Occasionally, she wid gang for a walk wi him as she also hid a passion for the land and it meant something tae her and the urge tae move on wis also strong upon her. But her heart belanged tae anither.

There wis anither gadie, wha wis a Romany as weel, that bade intae a vardo jist half a mile doon the road frae whar their yin wis and his name wis Pranic. Pranic wis o Polish descent, but whit a good deeking gade. He wis rugged and rough, and liked the auld styles o daeing things and he wid never mollicuddle ony woman, for he wis a real proud man.

Zander didnae ken aboot him, for though he hid seen him aboot the camp occasionally, he didnae ken that this fella wis his rival. Pranic chased nae woman, cos they aye ran aifter him. He could fight like a bull and puir Zander hidnae a ghoster against this wild laddie. Sasha adored Pranic and he kind o kent that as weel, though he didnae mak ony approaches tae her. Pranic often wondered whit this toff fella wis, that wis aye coming intae the Romany's vardos, so een day he speired tae Sasha's mither and she telt Pranic that he wis Sasha's fiancee—Pranic laughed heartily! Her mither telt him that this young gadie wis very wealthy and wid get onything for  Sasha—wha hid jist tae command him.

Pranic asked Sasha aboot her new lad wha wis sae wealthy, so in order tae try and mak Pranic jealous, she said that he wis her fiancee and that she could get onything that lowdy could buy. Pranic tested her and said, "then get him tae get for ye a Rolls Royce car—then I will believe ye!"
That very evening whin Zander cam oot tae see her, she said tae him:
"If ye really loved me, then ye widnae see me walking aboot ontae mi tramplers. Ye wid hurl mi aboot intae a lady's car. Tae prove that ye love me then get a Rolls Royce tae hurl me aboot in. If ye cannae be man enough tae dae this task for me then I dinnae want tae see ye again."

gadie/*young man* puir/*poor* ghoster/*chance* speired/*asked*

Zander wis completely taken aback wi her request! He loved her dearly but whit a demand she wis pitting upon him. She obviously didnae want it for hersel, but tae show the folks that she could hae a lady's car if she so desired and this wid show that he wis a man o property—and this idea started tae gang wild intae his brainbox!

So he telt the lassie that she wid hae tae wait a week or twa, cos a Rolls Royce cost an awfy lowdy and anither thing wis that he hid never tried a car test.
"I dinnae wint tae see yer fizog again until ye come and collect me wi a Rolls Royce!"
Zander wint awa frae the vardo resolved that by hook or by crook, he wid get a second-hand Rolls Royce.
He hid tae tak driving lessons first and he passed his test on the second time roon. Then he took oot aa o his savings and got a very large allowance frae his folks tae help him get a guid car. Eventually he did get get an auld Rolls Royce and it cost him a smaa fortune. His wealthy parents jist thought that he wis trying tae establish himsel in his professional business and that his car wis mair o status than onything else.

How proud Zander wis that evening whin he wint oot tae see Sasha wi his Rolls Royce—and she could hardly believe her een! Abody aroon aboot came tae see Zander's car—this car wis spanking! It wis a gutsy thing too and it guzzled doon the petrol like naething on earth. Never mind, he hid accomplished whit he hid set oot tae dae.

Pranic wis very jealous—he cursed the thing under his breath as Sasha deeked roon aboot it and somehow, she seemed tae be very wary o it. It reminded her o a hearse, but she wid hae tae go on a run onywye, cos aifter aa the fella hid wint tae a terrible expense and trouble for tae get it. Zander drove her aboot like a lady intae this car, but Sasha never manged a word aa the journey. She looked kind o scared, so he drove her back tae the vardo.

As Sasha cam oot o the car she let oot a loud scream.
"What is the maitter?" he said, but she said naething in return,
though een o her fingers wis bleeding and badly bruised. Her
mither asked her whit wis wrang and she said, "the evil bird in
the car bit mi finger."

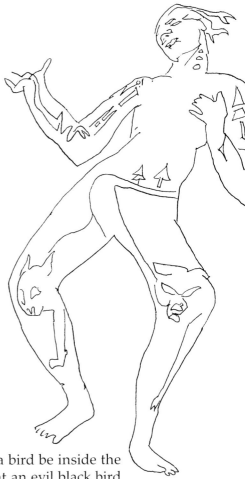

Whit wis she speaking aboot, for how wid a bird be inside the
car? Zander asked her aboot it. She said that an evil black bird
wis intae the car and it bit her finger savagely, she even hid tae
go tae the doctor tae hae it tended tae, as it wis festering. She
telt Zander it wis an evil thing and that she wid never gang
intae the car again—unless it wis exorcised. So an old Romany

man came ower and he deen a dance roon aboot it and chanted some strange chants. He said that he hid exorcised the car and that it wis safe noo tae drive... But whin Zander drove the car awa, there wis a horrible evil feelin inside it.

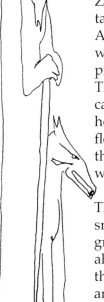

As he wis driving alang the road that night, he deeked intae his mirror and there he saw, sitting at the back o the car, an auld gray-heided manashee and she wis wearing a red spotted muffler on the back o her heid and she hid a big brooch ontae her neck; wi the fear that he got he nearly crashed ontae the side o the road!

Zander wis terrified. The auld Romany's exorcism didnae seem tae work—but it made things worse. He wis only a mile frae Aiberdeen so he stopped the car and he locked it up. He walked intae toon and intae the morning he wint tae see a priest tae tell him the story. Zander wis a guid Catholic fella. The priest cam oot wi him intae the morning and he blessed the car... The car deeked as if it wis shaking, then a loud squeal wis heard, comin oot frae inside and a great big black bird came fleeing oot o the back o it. So surely this wis some evil thing that hid bin pit intae his car. Zander drove the car hame and he went tae his work.

That night whin he returned hame frae his work, he hid a wee snooze cos he wis tired. He hid an electric fire and the rest o the grate wis blocked up. He awoke wi this awfy loud flapping ahint his electric fire. Zander rose, shifted the fire and teen awa the bittie wid that blocked up the rest o the fireside and tae his amazement, a hugh black bird cam fleeing oot o the lum. It looked bedraggled and it flew fair ontae the dresser intae the room. As Zander wint tae catch the bird tae release it, it bit him

manashee/*woman* lum/*chimney*

ontae the hand and whit a savage bite it wis... then, as he let it oot o the windae, aa o its tail feathers cam awa intae Zander's hand! He hid tae gang tae the doctor wi his hand tae get it treated.

Whit wis wrang wi the car—and whit kind o a curse did Pranic pit ontae it? Pranic practised some strange Romany airts, and some folks used tae think he wis, in pairt, a wolf.

Many times Zander wint oot tae see Sasha, but she widnae gang intae the car again and her mither widnae tak a lift intae it either. Zander wis gang alang the road een night and it wis a dull dreich night and whin he deeked intae his mirror, eence again the woman wi the red spotted muffler wis there in the back o the car—and this time she hid a young fella wi awfy dark curls, alang side her—they laughed and they stared at him! He never ever saw them if he turned roon intae the car, but aye through the mirror. He thought that his mind wis cracking up through the strain. He couldnae pit the car awa, aifter it costing sae dear and it wisnae even impressing Sasha, so he wis left wi a big guldrich o a car and he kent he hid tae keep it.

It wis a very unlucky car—he hid three accidents intae it. Een whin he wis in Peterheid and anither yin intae Aiberdeen. Aye afore an accident the woman and the fella appeared intae the mirror, and they aye glowered at him and they wid laugh as if they were mocking him. There wis definitely something o an evil nature there.

Finally, he believed that he wid hiv tae get it excorcised eence mair. So this time he paid a spiritualist tae dae it for him. Weel, the third time wis even worse than before, cos the whole car shook and the maist awfy terrible squeals cam fae inside... the flapping o birds wings and shrieks were coming oot frae inside... The spiritualist gadgie ran for his life, leaving Zander wi this terrible racket gan on inside the car. Zander wid nae let it beat him, for surely there wis a logical explanation.

Something obviously wis wrang wi the mechanism, and the noise wis caused through that. So he drove that night, but this time in the mirror he saw three people jeering at him: there wis a young woman as weel as the auld woman wi the red spotted muffler and the young fella. He drove hame faster and faster and the voices said tae him, "kill yersel, kill yersel!" The voices were evil and very powerful... his car skidded intae a tree and Zander ended aff in hospital for a month wi his injuries.

His parents came up tae see him, but Sasha never looked near the hospital. While he wis in hospital, he realized that Sasha wis better aff wi her ain kind o people and that really, deep doon she wis a selfish person. She hid used him only tae mak Pranic jealous, which it did. Zander never telt his parents aboot the incidents in the car. His parents gaed him mair money tae get himsel better and tae look aifter himsel. The Rolls Royce wis selt and he never got half the price that he paid for it, cos it wis too badly damaged wi aa the accidents he hid wi it. Whin the car wis selt he bought a new shooting brake, for at least this wis a new car and he widnae hae nae spells upon it.

He took it oot tae see Sasha for a last fareweel and tae tell her whit he felt aboot her—that she wis a beauty and a chairmer, but a very selfish, self-centred lassie. Right enough, he wid tak a long time tae get ower her, but he wis gang tae brak awa frae the enchantment spell that she seemed tae cast upon him.

Whin he arrived at the site whar the vardo wis, he found oot that it hid gone. He made some inquiries aboot the folks, but he wis telt that Sasha and her mither hid moved somewye intae Wales and that they left nae forwarding address. Then Pranic cam ontae the scene and spoke tae Zander aboot Sasha leaving: "I will be joining them later this year, cos I noo ken whar they bide in Wales." says Pranic.
"Weel the best o luck tae ye Pranic," replied Zander.
Pranic cam in aboot the car as he wis leaving and said: "This is a new shooting brake that ye hiv—weel, I hope it will hae many surprises for ye!"

Zander didnae want tae hear ony mair, so he pit doon the boot and shot aff. Gan hame in the shooting brake, Zander deeked intae the mirror o the car and behold—there wis four o them!

Until this very day, every car that Zander buys, he aye his a woman wi a red-spotted muffler, a young woman, a fella and a wee bairn.

He noo kens that Pranic wis surely a laird o the black airt, wha never forgave him for trying tae show aff in front o him.

And Sasha wis never seen again intae this neck o the wids.

" Never gie a manishee aathing that she might want, cos ye will rue the day and dinnae steal anither gadgie's dilly or they might jist pit the breeks ontae ye! Aye remember as weel, that some hantel really dae hae the power o evil in them and will dae their very best tae bring ye tae naught."

mair/*more*   gan hame/*going home*   wids/*woods*   pit the breeks ontae/*fight*

"Noo places can sometimes hud ontae events, while folks, very innocently, can trigger aff unusual reactions and this is jist whit happened here in this yin…"

RED RORY O'THE GLENS

The night wis sic a cauld yin, that his nesmore pit her wee kenchin intae a recess ahint the fireside and there, wee Rory wis kept warm and safe, oblivious tae the terrible danger that he wis intae.

For ye see, that same winter's night the dreadful deed wis committed… for it wis the night o the massacre o the house o MacDonald intae the strath o Glencoe. Wee Rory wis the sole survivor oot o aa his faimily. Aifter the massacre, the bairn wis foond oot and he wis brought up by an auld great auntie, wha also wis saved, cos she wis awa biding oot o the area whin the massacre took place. It wis an awfy thing, tae hae maist o yer hantel mooligrabbed; still she wis a guid-living auld culloch and she brought up the wee gadie wi aa the traditions o the MacDonalds.

Red Rory, wha wis named aifter his faither, Red Rory o the Glens, grew up tae be a very powerful man. Jist like his faither, he wis weel ower sax feet and could fight like a regiment o sodjers. Yet he wis a quiet man by nature and he mairried a lass frae the Stewart clan and they hid a puckle o kenchins. He wis a guid faither and provided weel for his wife and bairnies and they bade intae a fine big hoose, nae far frae Ballachulish and he took up the trade o a smithy. Next tae his cane wis his smiddy, and he hid ony amount o work tae dae. He wis never an idle gadgie, nor never did he let his hands remain idle and he wis aye occupied wi daeing something. He done aa kind o wrought-iron work, as weel as blacksmith's work and there wis a big demand for it. He managed tae save by a guid bit o lowdy for tae mak sure that he wid aye hae enough for his needs, so they were a happy faimily and he never held grudges against anither person. He loved tae tell his kenchins the stories o his hantel and tae share wi them the MacDonald culture.

Noo Rory hid a passion for music and he wis a very braw piper. He owned the finest set o pipes that ye could ever see or hear. They were silver and ivory mounted and only hid twa drones, but he could play onything upon them. He wis famed and noblemen used tae send for him especially tae play tae them, as his skill wis unrivalled. Noo every simmer, he wid tak a break frae smiddy work and he wid gang awa for a few weeks and spooch his fortune ontae the road wi his pipes, busking roon the mairkets and fairs. It wis a great escape for him and he loved playing tae folks. He also could mak a bonnie bit wi his piping, and as the man provided weel for his wife for the few weeks that he wis awa, she wanted for naething. Mag never ever tried tae stop Rory frae gang awa, cos she kent that he wis a guid living man and that he widnae tak up wi ither manishees. She trusted him wi her life and she kent that he wid die, rather than dae a dishonourable deed. The music wis a pairt o his life, it brought oot the best in him and it also released the ill feelings frae coming intae his heid. So he got a great respite wi the music and he never bade awa langer than sax weeks.

Ontae this particular occasion, he bade his wife fareweel and he telt her he wid be awa for aboot sax weeks and that he wis gan sooth for a change, tae see if he could fin new adventures and stories, so that he could enrich the lives o his ain bairns.

hantel/*people* spooch/*seek* sax/*six* gan sooth/*going south* fin/*find*

His youngest yin wis only but a few year auld, a bonnie wee laddie, cawed Rory as weel. Aff he wint ontae anither trip then, tae see whar the music might tak him and he made his journey doon soothwards.

He traivelled and he traivelled for miles, each day he wid play awa tae some big hoose or fair, wherever there wis folk gaithered he wis there, playing his pipes. The hantel liked him wherever he wint, though sometimes there wis a bit o jealousy frae some o the ither pipers that heard him. Naebody ever touched or tampered wi his pipes, cos they were very dear tae him and he made his ain reeds as weel, for he kent the sound he wis aifter. So there wis never anither man played upon his instruments, though folk often wanted tae buy his pipes, but they were beyond price tae him. Ye see his faither owned they pipes, and they were intae the hoose the very night that he wis murdered, so it wis the music that linked the man wi his faither. Onywye, wha in their right mind wid sell a faimily heirloom.

Rory hid bin awa aboot a month and he wis intae a pairt o Scotland that he wisnae too familiar wi. He wis makin freens aawyes he wis gan, but the land wis strange tae him and he creaked for his ain pairt o the country roon aboot Ballachulish. It wis on his journey hame then, that he took the strange road that seemed tae gan for miles and miles; there wis nae a hoose nor hamlet on it and Rory seemed tae be traivelling on and on for ever. At last, intae the distance there wis a big castle and it wis indeed very grand-looking, there were beautiful land-scaped gairdens aa roon aboot it and it wis sae braw tae behold.

freens/*friends*   creaked/*longed for*   braw/*fine*

There deeked tae be a bonnie bit o a furore gan on ootside and inside the castle, so Rory wint up tae investigate. There were a bonnie garoosk o hantel, aa making merriment and everybody seemed tae hae an air o happiness, for a wadding wis gan tae tak place at the castle the very same day. Oot ontae the front lawn o the castle, stood his lairdship. He wis a fine figure o a man, wi an eagle's feather ontae his bonnet and his tartans were flying in the breeze. Whit a fine figure he wis and whit a very guid mainner as weel, he came right doon tae Rory and asked him if that wis a set o pipes he wis carrying. Rory telt him that they were and he wis ontae his traivels hame tae his wife and kenchins and that he wis makin for Ballachulish. The lairdship telt him that he wis traivelling the right roads, but that he wis at least anither days journey tae go and so he asked Rory if he wid play at the wedding feast that wis gan tae be held that night. Rory wis delighted. The fine looking man telt Rory tae gang intae the kitchen and some o the lassies wid gae him his dinner and a few drams tae wash it doon wi. Rory liked a dram and he could hud his whisky weel.

He wint doon tae the kitchen and a lassie gaed him a guid dinner and treated him like a guest. The laird cam doon tae the kitchen as weel and brought doon a very special keg o whisky, so he and the piper hid a guid time taegither! Rory tuned up his pipes and played a few tunes and the laird, wha kent aboot piping, said he never ever saw a man sae weel in control o his music. Rory fair liked this nobleman, for he wis a real gentleman.

"Weel ye see Rory, mi bonnie dochter Catherine is getting hitched today. It will be a wonderful reunion, with many o mi freens coming frae aa ower the land tae be with us for the nuptial feast. Catherine is only sixteen years o age, but she his bin betrothed since she wis a wee quinie tae the young nobleman at Dunbar. It is a love match and I'm sae glad that Catherine will be happy, for she is my only heir, so all that I own will be for her and her husband and if I am blessed wi grandchildren, then surely I can't ask for mair. This is een o the happiest days o mi life an I hiv ordered aa o mi servants tae be happy and join in the festivities!"

garoosk/*tribe* hud/*hold* dochter/*daughter* quinie/*young girl*

Lady Catherine wis seen at the top o the stairs and she wis being ushered frae room tae room—it wis some kind o an auld custom o the womenfolks—and whit a picture she wis! She wid mak a bonnie bride. The young Dunbar wis tae come in the evening for his marriage and then the real joy o the wadding wid tak place. There wis excitement and laughter everywhere and it wis guid tae see folks aa sae happy.

It wis a shame that it wisnae gan tae last for lang...

Aa o the preparations for the bridegroom tae arrive were ready, and there wis a deep feeling o excitement everywhere. Then at last the grand coach arrived wi the young groom. But whit a peely wally deeking cratur he wis! His face wis as sallow as onything and he deeked sae peeky and sickly looking… he hid tae be assisted aff the coach by een o his freens and at first abody thought the young Dunbar wis drunk. The mair ye looked at him though, the mair ye kent that something wis far frae right wi the young fella. He hid the making o handsome laddie, but it wis obvious that something wis wrang wi him. A kind o silence wint oot ower the castle and a strange sense o doom filled the air. Weel, the wadding took place but the young Dunbar wis seek aa the wye through the ceremony and a pail hid tae be pit at the side o the room whar the marriage wis taking place. Aifter the actual ceremony the feast wis prepared, the food and wine wis excellent, but the young groom wis too seek tae participate intae the meal. It took him aa o his strength tae drink the toast… Catherine pit on a very brave face, but ye could see she wis next tae tears, for she kent that her sweetheart (noo her husband) wis very ill.

peely wally deeking cratur/*sickly looking creature*

Rory played at the nuptial feast and he deen weel, but at the back o his mind he wis worried aboot the young fella. The couple hid bin wad aboot an hour and a half, whin the fella hid tae be escorted up tae his bed. Some folks were trying tae crack wedding-night jokes tae try and ease the tension they felt. As he and his bride retired for the night she ordered that a physician be sent for. The physician arrived on the scene but tae everybody's shock, the young Dunbar hid died. He hid bin poisoned by a rival for the hand o the Lady Catherine. It couldnae be proved wha done it—but he must hae bin poisoned before he left his ain estate. Lady Catherine Dunbar came doon the stair, noo dressed intae a deep purple gown and a black veil ower her face. Peer lassie! Only a few minutes ago she wis a new bride and noo she wis a lady in mourning. Whit a sad thing that hid happened. The lairdship wis broken-hearted. The merriment ceased and a gloom wint oot throughout the castle.

Rory decided that it wis time tae bing avree frae the big castle, he didnae want tae be there ony langer cos the atmosphere wis awfy gloomy. Aff he gangs then and maks his wye tae the castle door, but the lairdship spies him as he wis faking awa: "Ye maun get yer fee for yer performance at the nuptial feast," he says.
"O no," cries Rory, "That is aright cos I wis happy tae play for ye and noo I share wi yer sorrow."
"Dae nae fear laddie, I engaged ye and now I maun pay the piper and nae hae a debt on mi hands."
He taks a gold coin oot o his sporran, cos he wis dressed intae full highlandman's tartan outfit and he hands it tae Rory, wha felt a bit shan taking the lowdy, but the laird insisted. The laird wished Rory Godspeed and hoped the next time they met, it would be in a happier time.

So Rory left the castle in the cool of the late evening, but as soon as he traivelled aff the castle grounds, the maist awfy thick, rolling mist came doon and he couldnae see his hand in front o himsel. As he trampled alang the road, he thought that it wid be better for him tae spend the night up against a dyke somewye until the morning came. He pit his pipebox next tae the dyke and he wrapped his plaidie aroon himsel and, as he hid bin busy aa o that day, he wis feeling tired and sleepy. He kent that nae danger wid come tae him if he slummed whar he sat, so he did jist that and in no time he wis sound asleep aside the waa.

The chirping o the birds awoke Rory and whin he opened his eyes, he wis lying intae the corner o a field dyke and his claes deeked very loorichy and tattered. He wondered why his tuggery wis in sic a mess—surely one night widnae mak his claes sae clatty? He wis tired and hungry and aa he wanted tae dae wis get back tae his ain hoose in Ballachulish.
"I will tak mi bearing frae the castle.." he thought, but whin he deeked roon tae look at the castle there wisnae a sign o the place. It must hae bin a lang walk he took, cos he wis sae sure that the castle wis only ower frae whar he hid slept. But, seeing as it wis nae langer there he made his tracks northwards.

It took him half a day tae find his bearings. He met an auld man and he asked him the wye and if he wis on the right direction. He telt the auld man aboot the wadding he hid bin playing tae and the story o whit happened. The auld man listened. "That castle burned doon over a hundred years ago and that wadding and the story o the young Dunbar wis lang lang ago. "
The auld man thought that Rory wis haeing him on.

Weel, Rory continued wae his journey, until at lang last Ballachulish wis in sight. Whin he finally got hame tae his ain cane, tired and hungry, his wife Mag looked very cauld upon him; she wis washing a wee laddie aboot four years o age intae an iron bath by the fire. "Is there nae a welcome kiss for yer big Rory," he shouts excitedly.

plaidie/*plaid*   slummed/*slept*   waa/*wall*   claes/*clothes*   loorichy/*unkempt*   tuggery/*clothes*
clatty/*dirty*   haeing/*having*

Mag did not look pleased wi him at aa!

"Ye wid think I wis awa for ages, the wye ye deek at me wi a cauld look, and why are ye watchin and washing ither folks bairnies?"

Mag replied: "Whit dae ye mean by yer mainner o manging tae me, for ye hae a right impudence. This wee laddie is yer ain son Rory, wha ye hinnae seen for three years and ye expect me tae be happy tae see ye? Ye hae left me for three years withoot so much as a letter or note tae let mi ken whar ye were, or whether ye were seek or nane. I hae bin worried aboot ye sae muckle that I hinnae slept right for ages. At first I thought ye hid rin awa wi anither manishee and then I thought ye were deid."

Rory wis completely confounded. He wisnae awa three years but only a few weeks. He telt Mag the whole story. Right enough his claes were aa tattered an loorichy, jist as if he hid slept in a midden for weeks and then he remembered his gold coin that wis intae his pooch—and whin he pit his hand intae his pooch the gold coin wis the proof o his tale, for the coin wis dated ower a hundred years before his time!

Mag forgave Rory and he made up tae her for the lost years.

Noo hid Rory surely played at the castle of the past and wis he caught up intae a time warp and somehow relived a story o the past? For surely the story hid bin true and the events actually hid taken place; but at a prior time and Rory accidentally hid stumbled intae a replay o the past... But if so, then how did he survive the ordeal o being asleep for the three years?

Surely, there are stranger things happen on Earth than there is in Heaven and Red Rory o the Glens is the living proof o that!

"Everybody, at some time intae their lives gets strange speils whit they dinnae ken if it's real or a dream and folks often laugh at ye whin ye tell them o yer experiences. Weel, if ye can bring back a token wi ye that ye ken tae be true, like whit Red Rory din, then the proof o the puddin is in the haaing o it!"

pooch/*pocket*   din/*done*

"Noo this will be oor last stop ontae were Haunting Road, so whar better tae be than right aside the Deil's Road o Benachie! Awa ye gan then Stanley!"

WOE UNTO THEM THAT TIED MY TOES

Jist right here, under the shadow o Benachie, there lived a bonnie lassie wha coorted a very guid looking traiveller laddie, cawed Danny.

Daisy (wha wis the name o the lassie) and her faither hid a very nice fairmie and he wisnae wanting a penny. The fairmer wisnae very keen ontae his lassie takin up wi a traiveller, cos he wanted the very best for his quine. But she loved Danny and she wis willing tae gie up aa o her material things for tae rin awa wi him. For the sake o her faither though, Danny said that he wid wait until he hid enough siller tae buy her aa the things that she wis accustomed tae. Daisy didnae care whit riches she hid, as lang as she wis wi Danny, but he hid telt her he wid wait and so she wisnae very happy, cos she wid hae rin awa wi him withoot onything at aa.

Noo Danny wis a fair bit o an athlete and he often wint intae the wrestling and the games. Fit it wis that he excelled in, wis rinning: there wisnae a lad in the area that could beat him, though often the local gadgies wid pit on a gamble wi him, tae see if he could beat them, but he aye won.

Een day Daisy wis walking aboot the wee village, whin a very guid deeking pottach came up tae her and he started tae mang aboot the weather and various odds and ends. She wis kind o takin tae him, cos he hid the power tae win folks wi his words, he could chairm the birds aff the trees wi his sweet words. He asked her if she wid like tae come for a walk wi him, but cos she wis gang wi Danny she declined the offer, though she did tak a fancy tae the chavie and he wis obviously a pottach o property, cos he hid an air aboot himsel.

Noo many a day she wid be daeing things aboot the fairm, whin he wid be seen intae the district, aye riding a pure black stallion; this stallion wis aye weel groomed and wi him on his back he looked like a picture. He wid aye come up and mang tae her aboot different things. He asked her oot a couple o times, until een time her faither deeked him manging tae her. Whin asked aboot wha the man wis, he found oot that this fella lived somewye in the neighbourhood, wis very rich and hid plenty o gowd and siller. Her faither telt her tae wise up and mak a play for this wealthy gadgie wha hid mair tae offer than Danny; for he wis a bit prejudiced against Danny, cos he kent he wis a traiveller. Danny on the ither hand didnae mind if he wis liked or no, the only important thing tae him wis that Daisy liked him and that wis aa that really maittered.

Daisy wis being pressurised then by her faither and nesmore tae gang wi the rich, guid-deeking gadgie. He wis sae muckle mair better-looking than Danny onywye. So, tae please her folks Daisy wint oot a couple o times wi the rich gadgie and she liked him. He wis very interesting and interested aboot everything that Daisy could dae. He liked her cooking and the wye she done things. Een night by the light o the moon he proposed tae her. She wis taken aback and didnae really ken whit tae say, so she said tae him:
"I will hae tae speak tae mi parents."
"Jist let mi ken in three days," the wealthy fella replied.

pottach/*man*   chavie/*lad*   gowd and siller/*gold and silver*   nesmore/*mother*   sae muckle mair/*so much more*

Whit wis she gan tae dae? Cos aifter aa her heart belanged tae Danny, wha wis trying tae mak bawbees for tae wad her. She really loved Danny, but he wisnae here at this time tae advise her, or brak the chairm o this new pottach wha hid some kind o spell on her. Whin she telt hcr hantel, they were ower the moon and naebody seemed tae care aboot Danny's feeling. However, Daisy couldnae be as selfish as that, so she said that she wid wait for Danny tae return. Many a time she wint for a walk wi the rich gadgie but she still couldnae say aye tae him.

On a particular evening they wint oot for a walk and they hid tae cross the large burn that wis at the fit o Benachie, so she teen aff her sheen and she crossed it. Then she deeked at the gadgie takin aff his techies and deeked his feet afore he pit on his sheen again—his feet were cloven!
Then she kent that the pottach wis the auld deil intae een o his many disguises…

Aff she ran, aa the wye until she came back tae the fairm, but there he caught up wi her and he kent that she hid deeked his cloven tramplers:
"Weel noo that ye ken wha I am, will I nae be able tae persuade ye tae come wi me, for I will gie ye everything that ye ever desired and I will mak ye the maist powerful lady in the land!"

Daisy recoiled awa frae him. Jist then, Danny came intae the scene and he wis annoyed deeking her wi this rich gadgie.
"There's yer peer fella noo," says the Deil, "and whit his he got tae offer ye, except poverty—though they say he is very guid at rinning; weel I will challenge him tae a race and if he shall beat me, then I will gie ye as muckle jewels and gowd and siller as yer apron will cairry."
Danny came in aboot and the man challenges him tae the race.

"Whar wid ye like the race?" says Danny, "I hiv never been beaten by ony man and I dinnae think ye can."
Daisy tells Danny tae forget aboot the race, but Danny insisted that he could beat this man. The Deil telt Danny that if he won he wid hae as muckle wealth that could buy his bride, so Danny accepts the challenge and the race is set for the next evening. It wis tae be frae a spot ontae Benachie until the ither side o the burn, nae far frae the big rowan tree.
Weel, the time for the race wis almost upon them whin the Deil says:
"As there is but one hour left tae the race, let us baith lie doon and tak a nap, so that we will be refreshed for tae start the lang race."

Danny agreed tae tak a nap before the race and Daisy wint tae the spot at the ither side o the burn and she pit on her biggest apron tae catch as muckle jewels and treasures as the apron wid hud. She waited there at the ither side for the race tae begin. As the twa men were sleeping, the yin that wis the Deil arose and he pit a twine ontae Danny's taes and he tied it tight. Whin Danny awoke and found oot that his taes were tied tight taegither wi a very tough twine, he couldnae loose the tow for love nor money… but the race hid started and the Deil ran awa like the wind, doon the road tae the place whar the race should finish…
Danny hopped and hopped and he wis crying oot aloud:
"Woe tae them wha tied my toes! Woe tae them wha tied my toes!"

Danny hopped alang the road until he came tae a man walking in the opposite direction, wha wis cairrying an axe.
"Please, please cut this twine that ties mi taes taegither."
The man chopped and chopped at the string but it widnae cut. Danny wis desperate noo, cos he kent that if he lost then the Deil wid surely tak him awa tae Hell wi him. He wis in a terrible plight, for awa intae the distance, aboot half a mile doon the twisting road o Benachie, he could see the the Deil rinning the race and gan like the wind.

The Deil hid cheated Danny. Doon at the very bottom whar the large burn wis, Danny could deek Daisy waiting upon the winner o the race. So, he hid tae tak a desperate measure... he wis an able athlete, so he bundled himsel intae a baa and rolled doon the steep brae that cut ower the roads whar the Deil wis rinning...

Weel, if the Deil cheated then so could he and he tumbled-the-catty aa the wye doon through the hills till he came tae the burn. Daisy stood upon the opposite bank and she shouted upon him tae come faster. But the Deil wis right upon his tail...

Danny hopped intae the water o the burn, but fell intae it and as he struggled tae get up tae the ither side, the Deil caught hud o his feet by the rope that tied his taes. And whin the Deil pulled at the twine, Danny's taes aa fell aff o his feet! But, wi his feet bleeding and awfy sair Daisy pulled him ontae the ither side frae the Deil ontae her side o the burn, thus making Danny the winner!

The Deil wis very angry cos Danny hid won, he hid cheated, but it still counted cos the Deil hid cheated as weel by tying up Danny's taes tae begin wi. Daisy shouted ower tae the Deil: "Come noo, pay up, ye hae lost yer bet!"
The Deil says real sulky tae her, "deek intae the waater and ye will see as many jewels as ye can cairry, tak as many as ye can hud intae yer apron."

She folded up her apron and filled it wi the bonniest jewels that ye ever did see. Whin she could hud nae mair, she made tae come oot o the water, but she tripped ower a slippy stane and aa o the treasure fell oot o the apron, bar een ring which she managed tae catch as it fell. Aa the ither treasure that fell back intae the waater turned back intae stanes.
The Deil laughed and walked awa, leaving Daisy wi een ring and Danny wi nae taes.
Weel, Daisy ran awa wi Danny frae that time. They never did hae muckle riches but they were gey happy and she took up the wyes o the traivellers. Danny wis aye cripple aifter that, cos he never hid his proper balance, but the ring wis passed doon tae their faimily, wha still hae it in their owning.

Noo could Danny hae really lost his taes whin the man wi the axe kept cutting the string—or did the auld Deil really tak them aff at the burn..? The truth o the maitter can never really be resolved, but Danny did lose his taes and Daisy did get the very expensive ring—and that is still ontae the go yet amongst their faimilies!

"Weel, it's a dumpish gadgie that gambles! If ye ken yer gan tae win then that's nae a gamble; if yer nae sure then that's chance, but only a right gomeral wid chance his luck wi the Auld Deil!"

gey/*very* dumpish/*stupid* gomeral/*idiot*

NYAKIM'S PROPHETIC ROAD

ROY'S WIFE OF ALDIVALLOCH

(traditional)

Tibbie she's came ower the lea, and Tibbie's came tae Aldivalloch,
She said that she wid mairry me, but she's wad auld Roy o Aldivalloch.

(chorus):
Roy's wife o Aldivalloch, Roy's wife o Aldivalloch
O sae who she diddled me as I came ower the braes o Balloch.

She swore, she vowed she wad be mine, and loo me abeen ony,
But o the fickle faithless quine, she's taen the gee and left her Johnnie.

(chorus)

O she wis a highland queen, and she could dance the heilan walloch,
O if only she were mine, or I auld Roy o Aldivalloch.

(chorus)

Her hair sae fair, her eye sae clear, her wee bit moo sae sweet and bonnie
But o she's up and left me here, and she's forever left her Johnnie.

(chorus)

But Roy's thrice aulder man than I, perhaps his days will no be monnie,
And whin the carle is deid and gone, then she'll come hame tae her Johnnie.

(chorus)

Tibbie she's came ower the lea, and Tibbie's came tae Aldivalloch,
She said that she wid mairry me, but she's wad auld Roy o Aldivalloch.

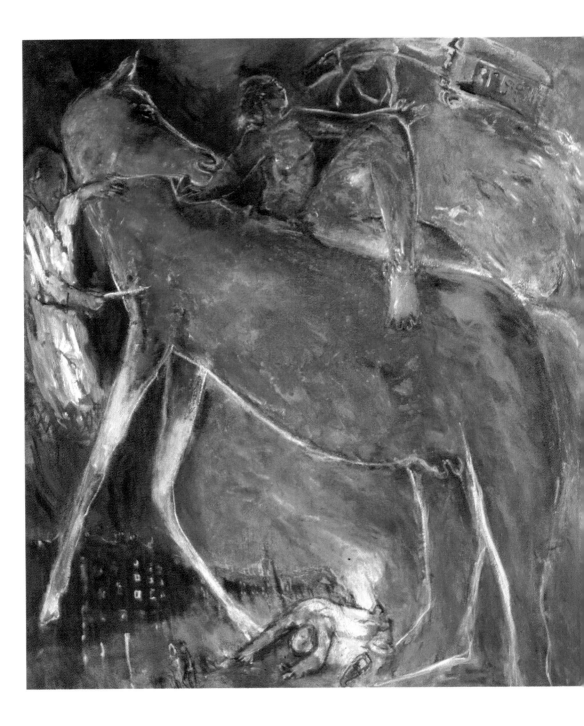

"Noo this road were gan ontae is tae dae wi insight intae the future and although it is true that aabody has got the deeper insight within them, only a few hantel are tuned intae the gift. If ye deek through the Vardo windaes noo ye will see anither side tae the foresight, so aff ye gan, Stanley..."

THE WARNING

Ashley wis a young traiveller, wha since he wis a bairn wis very psychic and he took this aifter his nesmore Shelley, wha in turn took it aifter her faither. The strange gift passed doon frae mither tae son, son tae daughter and there wis aye somebody in the faimily wis psychic.

Noo Ashley wis awfy flegged o the gift; he didnae understand it too weel and somehow he wisnae given ony instruction on how tae enhance the gift tae help ithers, or how tae cope wi it. So whin the premonition was given tae him, perhaps in regard tae the coming death o a loved yin or some ither event, tae him this wis often a very frightening affair. Desperately, he aye tried tae pit it oot o his mind, but still the warnings and premonitions wid come tae him. Yet as muckle times as he tried tae brak awa frae these things, the warnings still persisted tae come tae him. There wis nae rinning awa frae it, cos he hid the gift and nae maitter how hard he tried tae hide frae it, the gift upon him wis far too strong. The fella then hid tae come tae terms wi the gift o foresight.

Een day the fella wis oot daeing some work intae Tarland, whin he hid the awfiest strong feeling tae gan tae visit wi a dear auntie o his, wha he hid a deep affection for. It wis his auntie Laurie and she wis his very favourite auntie and his mither's

windaes/*windows* flegged/*afraid* brak/*break*

auldest sister. She and Ashley hid a very close bond between each ither and they often felt a strong telepathy and aye he kent whin she wanted him, or vice versa. Laurie wis a very good story-teller and mony a fine tale she telt him whin he wis but a loon and this great love they hid for each ither wis stronger than the cords o death.

Whin Ashley received this kind o a telepathic message, he aye acted upon the urge, so he wint tae the shop and he bought some lavender and a pound o fresh country butter frae a fairm near Tarland, tae please his auntie. He drove hame tae Aiberdeen as fast as he could and wint fair up tae Laurie's cane. He wis still intae his working claes and they were a wee bit clatty kind, but he kent that his auntie didnae mind. Jist as he entered up the walk tae Laurie's cane he thought for jist a passing second that he saw his deid uncle at the gate, but he pit it oot o his mind and wint intae the hoose and spoke tae een o her daughters and continued ben tae the room whar Laurie wis lying. It wis jist a wee room and the peer woman wis sitting up in her bed, eating a wee bittie corn beef and tatties. Her bright black een lit up whin he came intae the room, for she wis sae happy tae see him and it made her day. Ashley kissed her upon the cheek and as he stood up he heard a very loud external voice say:
"This is the last ye will ever see o yer auntie."
Ashley got a shock at the loud voice and then it wis endorsed, whin the voice said again:
"This is the last ye will ever see o yer auntie."

He kent that this wis the strange gift working upon him, so he heeded tae the warning. He hastily bade his auntie fareweel

cane/*house* clatty/*dirty* een/*one* een/*eyes*

and telt her he wis only passing and that he wis awa hame tae
get cleaned up, tae come back later on in the evening. The
daughter asked him why he wisnae biding, so he telt her that
he thought Laurie wis dying and that he wis gan tae be needed
later in the evening. The daughter telt him that she hid smelled
flowers the hale day and that wis a bad sign. Jist as Ashley wis
gan oot the front jigger o the cane, his faither and mither and
anither relative wis jist entering; they bade each ither short
greetings and Ashley walked up the road tae his ain hoose,
aboot a mile awa. He telt his wife whin he came hame the story
and as he wis manging tae her aboot it, the telephone rang. It
wis his mither wha telt him tae come back doon tae the hoose,
cos she thought that her sister hid passed awa intae her airms.
Shelley also hid got the warning tae come doon tae her sister
for the last time, tae receive ony last messages that her sister
Laurie wid pass on tae the faimily.

Ye see, Laurie kent as weel that she wis gan awa an so she sent
oot the telepathetic messages tae baith Ashley and Shelley.
Shelley wis there in time tae receive the last words o Laurie
wha died very peacefully intae her sister's airms. Laurie wis
there whin Shelley came intae the world and Shelley wis there
whin Laurie left the world.

hale/*whole*   jigger/*door*

Ashley ran for his bare death and life tae get doon tae Laurie's cane. He kent that she wis awa cos he hid heard the voice, so he kent that he widnae see Laurie again intae this life. The ambulance wis jist taking Laurie's body awa frae the hoose whin Ashley arrived and so the daughter (wha wis in a state and also suffered frae ill-health at the time) came oot o the ambulance, tae let Ashley gang doon in her stead. Laurie's een were wide open and in death her face looked gentle and at peace. He accompanied the body himself at the back o the ambulance and there wis still a very close bond between the twa.

As Ashley looked doon apon her body, he felt as if she wis still speaking tae him frae beyond the veil. It wis as if her spirit wisnae awa frae her yet and that they were still communicating by telepathy. He deeked intae her big black yaks, that were still open and said tae her: "Whitever ye want tae tell me noo, jist tell me."
He waited for an answer and it came from her, it didnae come in a sentence, but rather in a verse o a song. Apart frae being a fine story-teller, Laurie wis also a real guid singer in her day and een o Ashley's favourite songs whin he wis a laddie, wis a song she aye sang tae him and it wis cawed Alldivalloch. Strangely enough it wis a verse o that song that she sang tae him noo. Weel, it wisnae sang wi her mooth but she sang the verse loud and clear in spirit. And the verse she sang wis:
"..Her hair sae fair, her eye sae clear,
her wee bit moo sae sweet and bonnie,
but o she's up and left mi here,
and she's forever left her Johnnie."

Ashley didnae ken why it wis this song she picked, but he felt there must hae bin a message intae it and this wis whit his auntie wis gaeing him. It took him a while tae understand the message. Three months later he found oot whit it wis she wis telling him.

Ashley used tae like tae sing at some o the festival compe-
titions, but he never ever got onything at it, he aye entered
intae them for the fun o it. That simmer, he entered intae the
men's singing competition and for some reason he felt really
urged tae sing his auntie's sang. He hid bin practising it for a
few weeks and he felt as if she wis still teaching him. Weel, he
wint ontae the stage that time and he sang the song "Roy's
Wife o Alldivalloch" and he never sang sae weel intae aa o his
life. He felt the presence o Laurie right beside him and as he
sang he felt her influence very strong. He kent that he hid sung
guid and he thought that he might get a placing, so whin the
competition ended, he sat back tae listen tae the judge's
remarks and the judge said that he sang his song very weel and
deserved the first prize! Ashley got the cup for the very first
time.

Many ither times he felt her influence and he aye said that his
auntie Laurie often used tae help him. Sometimes Ashley
thought that the veil between this world and the next gets very
thin, and that ye could feel a presence, almost at yer side. And
tae this day, Ashley still tells some o Laurie's stories and sings
some o her muckle sangs.

*"Ye must be able tae stand the guid wi the bad in using the
foresight, yet tae be forewarned is tae be forearmed."*

guid/*good* muckle/*great*

"I kent this wee laddie weel, so listen carefully as Stanley relates the story o Dundonald and the strange prophecies gien tae him."

IMAGINARY PLAYMATES

Dundonald is an awfy big moothfae tae say! And whit a fancy name for a traiveller laddie... still, his mither cawed him that aifter the place whar he wis born, (but exactly whar it is I dinnae ken) the thing I dae ken is that Dundonald wis een o the best an maist loyal freens I ever hid. He wisnae the type o laddie that made mony freens, cos aa the ither bairns thought that he wis awfy weird. Onywye, I liked him an I wid like tae tell ye a wee bit aboot him.

For some unknown reason, Dundonald's faither didnae like him very muckle but his nesmore wis aa right tae him. The laddie wanted sae much for his faither tae love him and did everything within his power tae please his auld gadgie—but it wis tae nae avail. Noo he hid a wee brither, wha wis only a year younger than himsel and his faither fair doted upon the young een; aye seeing his wee brither connached by his faither used tae sadden peer Dundonald, so many times he wid gang awa oot by himsel for tae walk roon aboot in the solitude o Nature an he got tae like being alane wi himsel. His folks bade intae a pairt o Aiberdeen whar there wisnae muckle traivellers. It wis a new housing scheme and the scaldies were very unwilling tae mak freens wi the traivellers and so neen o the bairns intae the area played wi Dundonald, wha hid a very lonely, friendless existence.

Een day whin he wis playing alane in the Dungers, he decided tae invent new playmates for himsel… there wis nae ither bairns gan aboot, so the wee fella started tae create freens frae oot o nowhere. Aa the gither he invented five chums for tae play wi and he kent them aa very weel. He used tae tell me aboot them whenever we met taegither intae Lumphanan or Dess, but I wis niver allowed tae meet them. Tae Dundonald they were very real and he telt me the names o his freens in the city, wha he hid invented and wha used tae share everything wi him.

The names o the five children were Marles December—wha wis a bonnie wee lassie wi blue een and blonde hair. She aye dressed intae a white plain dress and wore white ankle staps, wi a white ribbon in her hair; she wis his very favourite and he hid a great love for that quinie.

Then there wis Billy Lee—he wis a very tough wee laddie an could fecht like big guns, but at the least wis never a bully and aye stuck up for Dundonald; for he wis loyal and never believed intae ony lies that ony ither member o the gang should mak up. He wis easy-osie aboot everything an wisnae a spilesport.

There wis also an awfy bonnie lassie wi fiery red hair and she aye dressed intae different tuggery—she never wore the same claes twice, though naebody ever kent whar she got aa o her bonnie claes frae. She wint under the name o Desirables and telt naebody her surname—she aye kept that a secret.

Kenny Kendo—he wis a very athletic loon and excelled at aa kinds o sports and he aye wore army shorts, army shirts and never shoes but plimsoles. Dundonald never really liked him aa that much, cos he hid a tendency tae show aff. The laddie hid dark curly hair, broon een an a dark swarthy skin and wis a good-deeking wee fella.

Finally, there wis Rhoda Rossie—and she wis the clipe, for she wis aye telling lies aboot Dundonald. She aye dressed intae a yellow kilt and broon sheen and wis a toff dilly wha spoke proper English.

Dungers/*military waste-ground*   freens/*friends*   spilesport/*spoilsport*   fecht/*fight*   tuggery/*clothes*
clipe/*tell*   broon sheen/*brown shoes*   toff dilly/*grand young lady*

These were his best freens and he played wi them frae the time he wis five years o age, until he wis eleven. He never took them tae the country wi him, cos he hid traiveller bairns tae play wi, but intae the toon they were his constant freens. These strange children used tae tell Dundonald things that aye came tae pass: they wid tell him things aboot whit wis gan tae happen tae him, or wha wis gan tae die or onything that they thought he should ken aboot. They were never far wrang and they telt him that he wis gan tae be gifted wi the gift o foresight and wid get visitations frae many wonderful characters, wha wid guide him tae knowledge. Dundonald, although he didnae hae very muckle formal schooling, aye managed tae get good grades and sometimes his invented freens wid come tae school wi him and help him wi his schoolwork, for Marles and Rhoda were very clever girls and so, oddly enough, he aye passed aa o his exams wi flying colours.

Noo, he wis very interested upon the visitors they children said that he wis gan tae get sent tae him and wha wid gie him this gift o the foresight. And so it happened one night… he wis fast asleep intae his bed, on his leaf alane intae a large room wi a big bow windae, that Dundonald awoke in the wee smaa hoors o the night to see a large shadow upon the wall o his room. He couldnae scream—cos he niver hid the power—he jist remained still and calm, to let pass whit wis gan tae pass.

The large bow windae opened up and intae his room came a very tall, well-built man, dressed intae a dark suit and a hugh lum hat. Underneath his airms he wis cairrying a wee, white kenchins coffin… as he came intae the room and walked ower tae whar the wee laddie wis lying—he looked doon upon the laddie's face… and jist grunted, (as much to say "you should be asleep") then he continued tae place the wee, white coffin ontae a table that wis in the middle o the room. This big man wi his lum hat then wint ower tae the fireside, whar there wis naething except a puckle o ashes… he picked up a poker and played aboot wi the ashes, jist as if he wis writing a note intae the fire for Dundonald tae read intae the morning.

leaf alane/*alone*   lum hat/*top hat*   puckle/*many*   *91*

Then the man made his tracks back, right *intae* the table, lifted up the coffin and pitting it underneath his oxters, passed by Dundonald intae his bed and (eence mair grunting tae the wee laddie) he wint oot through the bow windae and awa intae the night! Dundonald's vision o this man wi the lum hat wis very vivid.

Next morning he arose and wint ower tae the fireside tae see if there wis a message written intae the ashes for him, but his nesmore hid bin intae the room earlier and hid cleaned oot the grate, so Dundonald never got tae ken whit the man wis trying tae tell him.

He telt his invented playmates, but they jist telt him that the message wid soon be apparent. Right enough, it wis: jist twa years later een o his cousins died and he wis pit intae a white coffin and set upon the very same table, intae the same room as whar Dundonald hid seen it all happen lang before. True enough then, things were beginning tae happen tae him and he couldnae understand it. Yet his wee freens aye telt him aboot it first. Sometimes he wid discuss whit wis gan on wi them, but they never ever telt him the meaning o onything, but jist assured him that they were aye for a help and a purpose at a later time in his life.He couldnae speak tae his faither, (though he wanted tae so much) and neither could he tell his mither, (wha wid believe him onywye—that he hid young imaginary freens wha he used tae play wi?...) folks wid think he wis a pure corrach and maybe send him tae the balmyhoose!

However, Dundonald hid a real great freen o an auld woman wha bade intae Wales Street. She wis a real auld traiveller woman, wha also hid the gift o foresight... it wis auld Maisie Morloch.

oxters/*armpits*   corrach/*idiot*   masell/*myself*   balmyhoose/*madhouse*

Dundonald used tae rin and dae her shoppin each Saturday morning, and aye she gaed him a tanner for daeing it. She aye made a dumpling on the Friday night and she used tae pit tickies and tanners intae it and then she wid gie it tae the wee bairnies that she came intae contact wi. Dundonald aye got a bit wi a sixpence intae it and he wid sit for hoors, listening tae the auld culloch's crack. She kent stories that could keep ye in suspense and completely enthral ye and mony's the time I hae heard her masell. She wis Dundonald's ear, for he could mang tae her and kent that she understood whit he telt her o his wee freens and their predictions o visitations. The auld woman telt him that this wis only for tae train him for his later years, they wouldnae dae him nae hairm, but were in fact keeping and saving his talents for the time whin he wid need them. She wis a wise auld yin and he loved her very much. She asked him if he ever hid the experience o coming oot o his body yet, tae which the laddie looked astonished!

"Weel ye see laddie, that is whin ye are really progressing wi the gift o the foresight—so dinnae be flegged whin it happens..."

O, she telt him many things: "Ye see Dundonald, there's nae ither wye tae get the second sight and I hae come through the same thing mysel."

tanner/sixpence pit/put tickies/threepenny bit crack/talk masell/myself yin/one flegged/frightened

Her words o love and cheer comforted the laddie jist at the time whin he needed it. Once, whin Dundonald took awfy nae weel wi pneumonia, his nesmore pit him intae the living room intae her bed; it wis a four-poster bed and fitted intae a recess in the waa. The laddie wis awfy bad, and on this aifterneen he wis gan through an awfy bad spell and could hardly get his breath. Then, very peacefully, he slouped ower his bed and… the next thing he could see wis that he wis floating up tae the roof o the recess! He bade there for only a few seconds, and then slowly cam doon again. He got better the next day.

He shared this experience wi Maisie Morloch, wha telt him that he hid levitated, which wis also the wye he wis cured sae quickly aifter it.

Things started tae happen mair and mair tae him and started happening in dreams as weel. A man and woman, he said, wid come for him intae his dreams and show him things baith great and small—one time he wis teen doon tae the beach and he saw a whole doze o hugh pylons, which he thought were electric pylons intae the sea, but these helpers telt him they were for fuel intae the future. Sae many things were happening tae him noo that sometimes he wis feart tae gang tae his bed; but wi the help o his imaginary playmates and auld Maisie Morloch, he managed tae get by.

Then at the age o eleven, Dundonald's mither and faither got a hoose intae the country and the laddie moved tae anither school. He loved biding intae the country, awa frae the city that hid far too unhappy memories for him. Auld Maisie Morloch,

slouped/*tipped over*   doze/*many, lot*

wha hid taught him sae mony things intae the city, died—a very ancient wise one—her funeral wis the biggest ever held amongst the traivellers and the whole street wis lined wi mourners... there wis literally hundreds o wreaths, for she wis a very weel respected woman and she wis tae be a very big miss tae Dundonald.

Strangely enough, she died jist whin Dundonald's faither got the cane intae the country. The laddie, wha wis noo jist reaching puberty and starting tae turn intae a man, decided tae get rid o his imaginary freens for they hid served their purpose and done their job weel. O, he wid miss them, but he kent that there wis tae be a pairting o the wyes. So, on his last day in Aiberdeen as a laddie, Dundonald thought that he wid hae a fareweel pairty for his freens. He wint doon tae the lonely Dungers for the last time and there he called upon his five freens tae share a last fareweel. They aa came, dressed in their usual attire except for Desirables, she pit on her fanciest claes, wi a big picture hat... Marles, Billy, Rhoda and Kenny aa sat on the dungers and they hid a very happy pairty. Dundonald telt them that the time hid come for them tae split up, but that it should be a happy occasion, and so they shared stories and songs, as weel as jokes and some sweets. There were nae tears whin the time came for them aa tae depart and they each said their ain fareweel words o wisdom.
Rhoda came first: "Dundonald, I never really cliped on ye or telt lies, I only kept ye from cheating yerself and I'm glad ye never did..."
She kissed him on the cheeks and then vanished.
Desirables cam ower laughing and showing aff as usual: "I wis the een that showed ye how tae perform whin the time comes. Be sure tae show aff aa o yer talents and dinnae be feart tae flaunt them whin the time comes, for ye get naething in this world if ye hide yer light—so be sure tae be showy aff at the right time!" She kissed him ontae the chin and then departed.
Billy comes up tae him and he says: "dinnae tak onybody's lip—ye hiv nae need tae, but dinnae be a bully either and show kindness and consideration tae them that are weaker, or less

than yersel. If ye dae that, then ye winnae gang far wrang and folks will respect ye!'' He shakes Dundonald's hand, laughs and disappears.

Kenny does a tumble and catty, as a last show aff o his prowess as an athlete. Dundonald says, ''Kenny I wis aye jealous o ye, cos ye were sae good-looking and athletic.'' Kenny smirks, ''fine dae I ken ye were jealous, cos sometimes ye never let me in tae yer secrets. Let me tell ye then Dundonald, that I wis aye fond o ye an it's nae worth being jealous o ither folks talents, for ye can dae many things that I cannae. Ye hiv the power tae mak freens and ye hae got the second sight—I dinnae hae that gift—I can only dae that which I'm guid at. So let us pairt as the very best o pals.'' The twa laddies cuddle each ither and Kenny gangs awa.

Whin Marles comes ower tae say fareweel, Dundonald breaks doon intae tears. Marles December says, ''I thought that it wisnae gan tae be a tearful goodbye.''

''I cannae help it Marles, cos I have loved ye maist o aa and I will miss ye terribly.''

Marles says: ''We will aye be wi ye, cos we are a pairt o yer life. We each worked taegither, tae keep ye frae being lonely and tae befriend ye whin ye needed help and though our work wi ye here is deen, (and we hae many ither sad bairnies tae help noo) deep doon inside ye—we will still be wi ye!'' He kisses Marles ontae the moo and she says, ''I am the een that brings oot the love in ye—dinnae ever be afraid tae show love. Yer faither really loves ye, wi aa his heart, but because o the war he is deeply wounded inside and something is festering. Be patient wi him, and he will try tae mak up tae ye for the love he deprived o ye.'' Marles leaves and Dundonald is left—a much wiser and richer being for the experience.

The experiences o Dundonald, in completing the gift o foresight are many, which I will continue wi at a later date. Living in the country brought a whole new life to Dundonald, and his faither did become his dearest friend and companion, alang wi his brither. He never forgot his wise imaginary freens—nor the wise auld woman, Maisie Morloch!

"Sometimes we can be manging tae angels and yet nae ken it, for there is sae muckle intae this earth that is weel beyond oor ken."

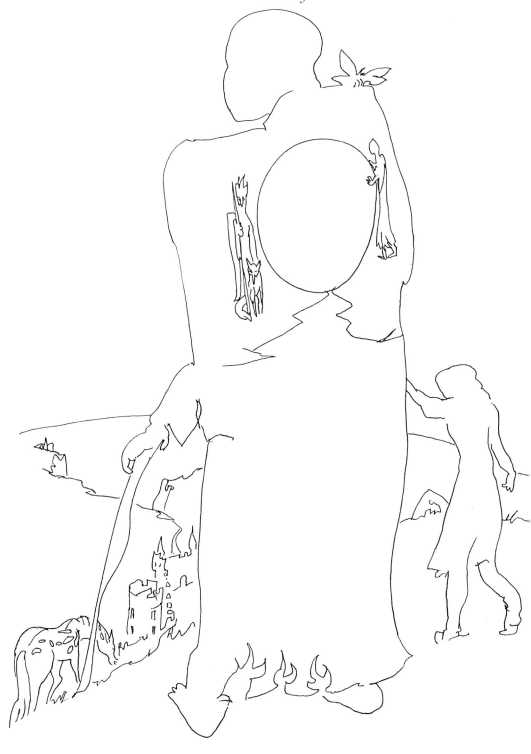

"We hiv nae moved far frae oor last stop, yet I want ye tae hear anither story o Dundonald, wha wis a very special laddie and chosen by the ancients tae receive mair wisdom than usual. So awa ye gan again Stanley!"

THE VISITOR

Dundonald wis at the age o twenty and twa and he had this gift o the foresight. It wisnae a gift that cam easy tae him, for it came wi mony a hard knock and some very strange and frightening experiences.

Mony o the things that were said tae him whin he wis a young laddie hid come tae pass. The unusual and vivid dreams he hid, he aye kent noo that there wis a meaning contained within them. And nae only did he dream wonderful dreams, he could interpret them as weel, though it wisnae a thing tae show aff aboot—but rather a gift for revelation for his ain life and sometimes he could use it tae help ithers.

Dundonald wis aye very considerate tae abody, yet he never really shared his feelings or emotions wi onybody ither than his wife Joan, though she never took much interest in that kind o a thing, for she wis a very practical and doon-tae-earth person. And perhaps this wis a guid thing, cos they baith balanced each ither. So it wis then, that every ither thing he kept tae himsel (unless it wis for a help tae somebody), for since auld Maisie Morloch died, he never shared his thoughts wi ony ither person, cos he could never really trust folk tae keep a secret and he kent they wid caa him a gomeral, and dae everything intae their power tae dae him hairm. Dundonald wis an awfy serious kind o lad and sometimes wid get sae deep and melancholy that he seemed tae gang intae a wee world o his ain and at that times naebody could get through tae him. Still, his bairns were his pride and joy and he aye telt them how much he loved them and he hid a guid relationship wi them. For naething wis ever gan tae mak him be estranged wi his bairns and he minded upon his ain young days (wi the strangeness he hid for many tender years wi his ain faither) and he swore an oath that he wid never be like that wi his ain yins and so he constantly telt them stories, songs, sagas and tales.

Noo he aye wondered aboot this gift he hid—he didnae ken if it wis evil or wis it a good thing tae hae. So he read books—aboot ither folks that hid these strange things intae their lives, and he became interested in unusual dreams, and he hid the habit o writing onything doon that he felt wis pertaining tae the gift—whether it came tae him as a poem, a story or a dream.

And sometimes they were actual happenings. Een day, as he cam hame frae daeing a hard day's work at cadging hooses roon aboot Midmar, he hid the strongest feeling tae gang doon tae see his auld faither, wha lived doon beside the sea intae Aiberdeen. The auld gadgie bade alane—he wis an awfy cantankerous auld pottach and nae easy tae get on wi and as weel as being ill-natured, he wis a very independent gadgie and widnae bide wi ony o his faimily. Noo Dundonald aye visited him aboot twice a week at least, tae tak him doon some fags or beer, cos he kent the auld gadgie liked that; and the auld man could tell a braw tale and be very entertaining whin he wis in the mood, but there were times though whin he wid haa the face aff o abody! Dundonald jist hid this very strong urge tae gang doon onywye…

Aff he wint then, jist right aifter his supper doon tae his faither's cane, where the auld man wis very surprised tae see him doon sae early—and upon a night that he wisnae accustomed tae coming doon:

cadging hooses/*begging at houses*   pottach/*man*   haa the face o abody!/*(chew) snap at everybody*

"Whit brings ye doon tonight, when ye usually come doon tae see me the morran?"

"Weel, I jist fancied a walk oot—and I thought that I wid come doon tae hae a crack."

"Weel I'll ging awa an pit on the kettle " says the auld man.

Noo Dundonald didnae really ken why he hid come doon tae his faither's cane. He picked up the evening paper and wis gan awa tae read it, when a knock comes tae the jigger. The fella wint tae answer the door, thinking it wis somebody wanting tae see his faither. Tae Dundonald's surprise, standing at the jigger o the cane wis a tall fair-heided gadie, aboot thirty years o age, he wis well dressed and hid a leather brief-case intae his famels.

"Good evening," he said "are you Dundonald?"

"That's wha I am" says Dundonald.

"Then I hae come a very long journey tae see you," replies the man.

"Weel come in and sit doon and mak yersell at hame. Ye see, this is nae my hoose, it's my faither's hoose, but for some reason I felt I hid tae come doon tae see him tonight. I dinnae normally come doon on a Wednesday, but something prompted mi tae come tonight."

"Yes I can weel believe that," said the visitor, "I too knew I hid tae come tae Aiberdeen—for I hid tae see you, tae hae a discussion wi ye pertaining tae the gifts that ye hae bin endowed wi."

Dundonald looked awfy surprised, "how dae ye ken I hid certain gifts?"

"O yes! I knew that you hid the gift and I am instructed tae help ye tae understand more and develop it..."

The auld man cam ben wi the tea, he telt the laddies tae help themsells, as he hid decided tae gang ower and see auld Hughie doon the road and hae a bit o auld-fashioned crack wi him.

morran/*tomorrow*   crack/*talk*   ging awa/*go away*   jigger/*door*   cane/*house*   gadie/*lad*   famels/*fingers* ben/*through*

So the twa men were left taegither intae the cane and they started tae involve themselves intae the deepest and maist wonderful discussion. The man introduced himsel as MacPherson (he gave nae first name) and he wis by birth an American, thirty years o age and a bachelor. For the last seven years he hid bin involved in the fighting in Tibet, where he hid bin a guerilla fighter wi the Buddhist monks, wha hid wint up intae the mountains tae fight for their country against the invasion o the Chinese. These monks were rebels, but they were very guid fighters wha hid many o the martial airts as weel as the deepest spiritual gifts. Baith MacPherson and his brither hid bin volunteers and learned the airts o the Tibetans, wha were nae afraid tae die for their land which they wanted sae muckle tae be free—and tae worship again in their ain temples and practise their ain religious wyes.

Many people in the Western world seemed tae think they were better aff wi the Chinese and never realise that the people are in bondage; for perhaps they get a little mair habin but they hiv lost their freedom tae think, act or work for themsells. These rebel monks wanted tae regain the old order in Tibet and were willing tae sacrifice everything they hid. MacPherson hid bin wi them seven years, but decided tae gang hame tae America, since his brither hid bin killed and he never felt the same aifter that—his brither hid bin a braw gunner and a great moun-taineer as weel.

Noo MacPherson telt Dundonald that whilst he wis wi the monks he hid learned mony o the great and wonderful things and een o these wis the gift o foresight, which he wisnae born wi, but gained frae working and meditating wi the Tibetans. The thing that maist interested him wis the opening o the third eye—these folk used tae caw it that. Dundonald didnae ken it, but whin the man started tae tell him aboot it Dundonald discovered that he hid haed it for years. The man said that whin the inner eye is open you can see the aura of a person and the colour o their aura wid tell ye the kind o person they are—whether true or false, good or evil. Noo Dundonald didnae caw this thing an aura, but auld Maisie Morloch hid taught him how tae recognize a good body from an evil yin—by concentrating wi the middle yak—and then tae deek at the colour o the glow that radiates frae them. For these various colours show ye that every person his a colour-glow that comes aff o them, and the state that ye are in will show oot upon the glow ye throw aff. Gold and silver are good, white is also good and black, gray, red, blue, purple and so on—aa reveal a different character or emotion.

The twa fellas nattered awa for aboot twa hoors and compared experiences that they commonly hid. MacPherson wis amazed at the wealth o knowledge and wisdom that Dundonald hid, for beside him MacPherson wis but a novice. He telt Dundonald that he wis only makin a three day stop-over intae Britain, and wis gan hame tae America, yet he wanted tae spend as muckle time wi him as possible, so Dundonald invited the man tae come and bide wi him and they could elaborate mair next day ontae the spiritual gifts. Then the man telt Dundonald that it wisnae an accident that he come tae see him, but pairt o a plan he hid. He wis gan hame tae start a new school o the martial arts and also o the spiritual arts, such as meditation and so on.

And how on earth did he ken o Dundonald? Dundonald found oot frae him that a lama in Tibet telt MacPherson aboot a man in Scotland wha hid mony o these gifts—so it really wis pairt o a plan that he wid gang tae Scotland tae find Dundonald.

The next day the man telt Dundonald many strange things: he said that he hid bin instructed tae tell Dundonald the Order o the Chackras. He took aboot five hoors telling and showing him exactly how tae get them in tune, baith for praying and for tae get yer body completely relaxed tae help yer body heal its wounds, "for remember that whin ye're in the mountains fighting, ye dinnae hae nae medical folks tae attend ye and so ye hiv tae ken the secrets o helping yer mind tae heal yer body."
Dundonald wis sworn intae secrecy aboot these things—for they were worth a lot o money tae some folks. Aa this wis a new area tae Dundonald and he didnae quite understand aboot the chackras and how they worked, but he patiently learned how tae use them, and that it could also be dangerous tae ficher aboot wi them withoot haeing the knowledge. Dundonald wis very impressed wi the man and his airts. Then wi the few hoors he hid left, MacPherson taught Dundonald a dance that wis used by the ancients o Tibet, yet somehow, Dundonald did not feel guid aboot it and never really took that in, even though the man drew it ontae a paper for him he still didnae feel a guid feeling aff o the dance. Anyhow, the rest o the time wis spent on the airt o meditating and the using o the chackras.

Late that night, MacPherson hid tae leave for tae catch his jet in London tae tak him hame tae America, but before he left, he telt something very strange tae Dundonald, he said:
"There are seven men in the world wha hae this gift; the ancient ones o Tibet hiv telt me this and they hiv also telt me wha they are and that ye is een o these chosen seven."
The man then departed and that wis the last Dundonald ever saw or heard o him.

Onywye, Dundonald then started tae exercise the chackras and found that his health became far better. He kept it a secret as the man hid instructed him, but he wis telt that he could teach it tae his ain sons, so his ain laddies started tae practise exercising the chackras as weel, though only tae the stage that they were permitted tae gang.

Een day, Dundonald and twa o his laddies were oot intae the country on business and as he didnae drive they hid tae tak a bus. It wis in late autumn and the weather looked nae bad, but on the journey hame they missed the bus and hid tae trample tae the nearest village so they could maybe phone hame and get a driver tae come. Weel, suddenly it cam doon the wildest snaw blizzard that ye ever did see. It wis sae bad, they never thought they wid mak it tae the village, which wis aboot three miles awa. The snaw and wind wis sae cauld that the twa laddies were freezing, so Dundonald telt them tae gang under a clump o trees and practise the exercise o the chackras—maist o aa, the exercise that could heighten their body temperatures. This they deen and in aboot five minutes they were aa sweating and by the time they got tae the village tae phone hame, they were almost steaming wi sweat and heat. Then they used anither exercise tae control it again, for there are mony things ye can dae wi it.

Dundonald often wondered if it wis right tae use these things, aifter aa this wis an eastern wye o daeing. Then een day Dundonald met a priest wha wis walking alang a country road and the twa men got tae manging aboot different things and for some reason the priest spoke aboot the chackras. Dundonald wis surprised the priest kent aboot them and also ither things pertaining tae spiritual gifts. The priest telt him that it wis aa contained intae the Scriptures, it wisnae an evil thing, but rather a guid thing tae hae—providing ye dinnae use these gifts for tae mak money, or tae mak or set yersell abeen onybody else. These gifts wid only work in righteousness.

Weel, Dundonald searched for years intae the scriptures for these things but never ever found them—they were probably nae apparent, but there somewye hidden if ye deek for them. Still, he his never done a person ony hairm wi them, but if he could dae a kindness then he wid. He his the true gift o the foresight but he niver mangs aboot it unless ye try very hard wi him and show a deep interest intae the subject.

And mind, many o the traivellers hae the gifts o the foresight but I think Dundonald is the best o them aa.

"It is true that there are seven pottachs on this earth wha hae this strange gift and Dundonald is een o these wha can use it."

"Ontae this stop on oor prophetic journey I hae stopped the Vardo here for us tae deek intae the life o a guid living gadie wha hid a maist unusual trip. Noo Stanley, wi the gift ye hae, mang tae us whit happens here."

THE STRANGE JOURNEY

Simeon wis a very nice fella and the laddie wis real respected by his fellow traivellers. He wis honest, hard working and lived by a strong code o moral and Christian ethics. He never drunk spirits, nor never did a fag or pipe cross his lip and his wife Rachel loved him dearly and likewise his three wee wains.

During the simmer he wid camp oot aboot the country and try tae build up enough lowdy tae keep him and his bairns aa o the winter. There wisnae a thing he widnae hae a go at, frae hawking, dryhunting or even working ontae the fairms. The only real problem the fella hid wis that his health wis no that great, for he hid sugar diabetes and a string o ailments that accompany the disease, but although he sometimes wis sickly and in poor health, he wis aye very cheerful for it wis nae intae his nature tae complain.

Een day while he wis coming hame frae the country, he fell awa intae the street—he wis rushed tae the hospital intae Aiberdeen and it wis found oot that he hid a burst ulcer in his stomach and hid tae get a very dangerous operation. Being a diabetic the fella took an awfy lang time tae get better and—because he couldnae heal properly—the scar sairly rendered and he grew ten lesions ontae the wound. Each day

gadie/*lad*   wains/*children*   sairly/*sorely*

he hid tae dress the wound and tend tae it, in case it wid gang intae gangrene. This meant he couldnae gang oot tae the hooses and look for his living, so the standard o the faimily drapped an awfy lot, but Rachel, wha wis a frugal lassie, scrimped aroon aa the back doors o the bakers an butchers and she sprached aa the bits o meat and loaf, so that her wains wid get a bitie o habin in their bellies. Weel, the faimily hid bin through some hard times—but this time wis truly a trial they were gan through.

Aye night then, at the back o the cauld November term, they hid very little coal for the fire and their comforts were nane. Whit a night! Wi blin drift an a strong forceful wind that wid blin a cuddy blawing abroad, so Rachel decided tae gang tae her kip early for it wis too cauld a night tae sit aboot, so she pit aa the kenchins intae their beds and then retired hersel.

Simeon sat alone, pondering upon the predicament he wis in, for he felt real bad nae being able tae provide for his wife and faimily. Oh, aa kind o strange thoughts were gan through his mind as he pondered that night. After a while, he decided tae gang tae his kip as weel cos the last few sparks o the dying embers were fizzing oot.

Noo the cane that he bade intae wis a four room hoose intae Aiberdeen. It hid an awfy lang lobbie wi the living room at the end o it and twa wee rooms for the wains. Rachel and Simeon slept intae the large room at the ither side frae the bairnies room. It wis sic a cauld dirty night that he decided tae keep on his lang drawers and he also pit on a woolen ganzie as weel. He wint ben tae his bed, where Rachel wis intae a deep sleep; at least sleep wis an escape frae the harsh reality o things that faced them. He slipped intae his kip and pulled the blankets up tae his neck, for the room wis like an iceberg. Noo there wis a very large picture window at the side o the bed whar he wis lying and, as there wis but wee tiny curtains up, he could see right ower tae the school in the backie; then awa intae the distance he could view the radio mast wi it's red light shining.

---

sprached/*begged* habin/*food* blin drift/*blinding snow storm* cuddy/*horse* sic/*such* ganzie/*guernsey jumper* ben/*through* kip/*bed* backie/*yard*

Simeon aye kept a green luminous clock at his side, cos he aye liked tae rise early and gang oot tae see if there wis ony kind o work gan aboot; there wis nae muckle he could dae, but he aye tried for tae get some kind o light job. He lay in his bed for weel ower an hour and he wis fair wrastlin wi himsel—he couldnae get sleeping for haeing sae muckle worries—but finally, oot o sheer fatigue he fell intae a sound slum. Whin he awoke, during the wee smaa hoors o the night, he first deeked ower tae the clock for tae see the time: it wis exactly twenty past three a.m.

Then the fella deeked oot o the windae and whit a bonnie night it hid turned oot tae be! The wild wind hid died doon and the blin drift hid stopped—the sky wis as clear as a bell: he could see clearly the lights o the radio mast and aa the roofs o the hoosies were covered wi a glittering frost that made them aa sparkle an shine. Each star intae the sky wis trying tae ootdo each ither an whit a bonnie sight it aa wis tae behold. Simeon lay upon his back tae luxuriate wi the lovely sight, whin a very cold atmosphere seemed tae come ower aa the hoose and he felt a wee bittie strange and wondered whit wis gan on. He kent that something unusual wis taking place and he lay upon his back, almost unable tae move limb nor bone.

Suddenly, a strange sound of a large bird's wing-flapping wis heard all aroon the cane and it seemed tae be intae the lang lobbie. The jigger o Simeon's room wis open (they aye kept it open in case o the wains being sick through the night) whin a shimmering brightness entered intae the room. Simeon lay ontae his bed as if he wis paralysed while the room filled wi a sweeping force, it seemed tae be illuminated wi this brightness.

wrastlin/*wrestling*   smaa hoors/*small hours*   hoosies/*houses*   whit wis gan on/*what was going on*

A tall figure of a man came intae the room an hovered at the bottom o the bed—his head wis at the roof whilst his feet hovered above the ground—his person wis brilliant and he wis clad in a very bright shimmering robe. O! Simeon thought that this wis the Angel o Death come for him (for right-o-aye he hid bin very ill for sic a lang time so he wis ready tae believe he wis deid) and this angel hid come for tae tak him awa tae whar ever it is the deed gang tae.

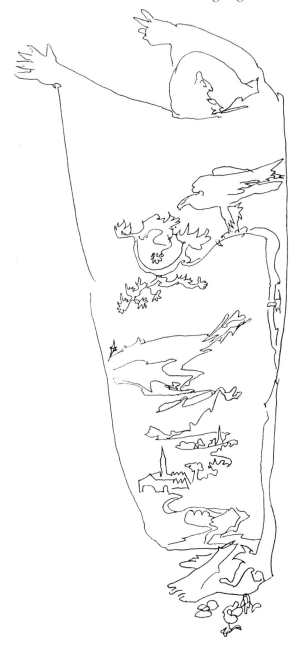

The being standing there jist lifted his right airm an beckoned Simeon for tae follow him… he wis lying ontae his back, yet his body started tae float in a horizontal position an it lifted aff the bed and floated through the jigger, along the lobby and oot throught the front door o the cane. O but whit a cauld night it wis; the fella lay intae the claes that he wint tae his bed wi, and floated alang the roads intae Aiberdeen, and through the night he could see een or twa cars gan aboot, but the cauld wis very sair upon his body and he fair shivered as they wint alang the roads. He could only lie intae this horizontal position, but he could deek this being in front o him taking him alang the road wi this strange power he hid.

They wint alang the roads till they come tae a big kirk intae Aiberdeen. On arriving at the big kirk, Simeon got the power tae stand ontae his twa tramplers. The being, withoot manging, then pointed up tae the steeple o this big kirk and Simeon, wha wis awfy feart o heights, hid tae obey the power o this being… Noo the laddie could deek intae the glass jiggers o the kirk, he could see prayerbooks ontae a desk and he could see quite clearly intae the kirk. When he looked at the steeple wi a very large spire, he could see that there were wee sticks at the side o it aa the wye up, so he started tae climb and the cauldness ontae his hands and feet wis unbearable. Still, he carried on wi his ascent up the steeple until he could deek that the spire ascended right up—through a rounded halo-like cloud—and he made his wye up tae that. Finally, whin he pit his heid intae the cloud he found oot that it wis fine an warm there, so he hurried up the last pairt o the climb and saw that he wis intae anither plateau. Oh! It wis a completely different world—he pulled himsel right up noo—and everything wis fine an warm and the awfy cauld wis awa frae him, so he deeked aboot tae try and find his bearings tae see if he could recognize onything.

claes/*clothes* manging/*speaking* awfy feart/*very frightened*   *113*

Right in front o him wis an auld rickety-rackety brig (like the een intae the willow pattern) and it crossed a very dirty, black and slimy waater. There wis a woman, jist like ony ither woman, standing beside him so he speired tae her whar he should gang. The manishee telt him that he should be makin for the Celestial City and gaed him instructions how tae get there:

"Ye cross ower this briggie and then walk alang bi the side o this black waater; hud ontae the paling alang the waater-side for the space o twa fields, then gang aff at an angle and ye will see the Celestial City."

Simeon thanked the manishee for gaeing him directions as tae whar he should be gan and crossed the briggie; deeking doon intae the black waater, he could see slimy things sweeming aboot intae it. Ontae the ither side then, he took hud o the lang paling and walked the length o the twa fields (an they wis thundering hugh fields) and then awa in the distance he could deek this bonnie braw city shining like a thousand gems. He walked the field at an angle and in nae time cam tae the gate o this beautiful city. There wis a large gold knocker upon the gate and so Simeon chapped upon the yett. The gigantic gate opened an he wis welcomed intae the city by a very handsome man—Simeon hid never seen sic a handsome person—his hair wis lang an white and he hid bonnie, pale blue yaks, while his skin wis like marble: "Welcome Simeon, we hiv awaited your arrival!"

He kent noo that he hid snuffed it, for this wis surely the place whar the deid folks gang tae. Weel, it looked braw as far as he could see o it, but he felt a bittie ashamed being met wi this weel-looking pottach in a white robe—cos aifter aa he wis claid only in lang drawers, a symet and a woolen ganzie! The man then took Simeon tae a place like a changing-room and instructed him tae tak aff aa o his claes. Being a modest kind o a laddie, Simeon asked the man why should he dae this and so the handsome man telt him that he couldnae enter intae the heart o the city if he wis not purified first. So Simeon took aff aa

speired/*enquired* gang/*go* manishee/*woman* briggie/*bridge* sweeming/*swimming* thundering/*great*
chapped ... yett/*knocked ... gate* symet/*vest*

o his tuggery and felt very embarrassed, cos the horrible
wound ontae his belly wis rendering an makin an awfy mess
and he tried tae cover his private pairts wi his hands. His hair
too, which wis ginger coloured wis receding and he didnae
look aa that great—compared wi this handsome man, he felt
like a midden. But the man led Simeon intae a beautiful
ceramic-tiled room, it wis oblong shaped and wis the first o
three similar rooms he hid tae venture through.

O! whit a fine exhilirating feeling wint through him—there wis
light cool mists floating intae each o the rooms and their
refreshing red, blue and yellow purifying mists were wonder-
ful… He could not truly describe the feeling that he hid gan
through these mists, but whin he cam oot o the last room he
wis totally amazed wi himsel, for a complete metamorphosis
hid taken place—and whit a beautiful being he wis!
His skin wis pink and hid the lustre o marble; his hair wis like
unto golden silk threads and it fell upon his shooders; the
wound wis completely gone, though he felt aroon for it (nae
lesions at aa upon his belly)… strangely there wis nae body hair
ontae him either, but all o his body looked as if it hid newly bin
chipped aff by a master sculptor's blade. He couldnae believe
how handsome he wis noo. There wis a bonnie, white plain
robe waiting for him tae pit on and when he dressed himsel he
cam oot intae the city, where the scene wis breathtaking! He
deeked many o his relations wha hid died, they were walkin
aboot an looking sae hale an hearty… oh, it wis jist a glorious
time!

Or rather, it should hae bin a really deep an wonderful time for him, but then his heart thought upon his bonnie wife Rachel and their wee wains… A sadness cam upon him, so he manged tae een o the workers there (for they looked slightly different frae the rest) and asked him whit he could dae tae ease this awfy pain that wis in his heart. The worker showed great kindness and compassion upon him and said:

"No person would ever be happy here because o the pains o leaving their loved ones, so we have here the Waters o Forgetfulness… when ye enter intae them, the pains o yer earthly life vanish and only the good feelings remain. You will then have a deeper understanding of the plan of salvation and will have only the kindlier feelings of your wife and family, which will keep you, as you wait for them coming here with much joy."

Then he felt much better and wint tae look for this Waaters of Forgetfulness. He deeked a long queue o hantel standing at this big swimming pool, which hid the bonniest blue waater ye ever hae seen and looked awfy inviting, indeed it wis pulling him towards it. As the queue wint doon an he got closer and closer, the pain o his faimily wis sic sair on his mind and he thought o the shock peer Rachel wid get whin she found his corpse and o aa his wee yins greeting for their daddie, (tae mak maitters worse, he wisnae insured).

These thoughts aa entered Simeon's mind, but as he grew closer tae the pool he felt a great urge tae jump in. Then it came tae his turn… he took the first twa steps tae the waater—whin a worker pit his airm in front o him and said:

wis sic sair/*was so sore*   yins/*ones*   hantel/*people*

"I'm sorry but you cannae gan in tae the pool. You hae bin telt tae gae back hame."

They took him back tae the rooms and he hid tae tak aff the white robe and tae gang through the mists again and this time whin he cam oot, the scabby bleeding wound wis back and his hair wis receding as before. O, he grudgingly pit on his lang drawers and symet and ganzie and they felt like pitting on auld smelly lurichs compared wi whit he hid bin wearing nae sic lang afore! Then he wis escorted oot o the gates o the city and made his wye ower tae the river, where he crossed the big field at an angle and whin he cam tae the clatty river, Simeon walked aa the wye until he cam tae the rickety-rackety briggie and whin he hid crossed that, he saw the church spire sticking up through the halo cloud. He pit his fit doon (it wis freezing cauld like a bucket o ice!) and every step he took doon, it wis jist perishing. On reaching ground at the Kirk Simeon's body wint very fast, horizontally, alang the roads o Aiberdeen and right back tae his ain cane, through the front jigger, alang the lobby intae the room until he lay back intae his kip. The strange journey wis over, but he wis glad tae be hame again beside his wife.

He deeked at the luminous clock at his side—the time wis exactly twenty past three a.m!

Simeon kent that he wis given a second chance tae get his life intae order and tae accomplish many things, and he became a lot healthier aifter that experience and managed tae achieve many great works, for he wis noo hale an hearty and could work hard. As for time—he kent that he wint awa on a strange journey, an that he didnae gang on his ain time—but wint intae Celestial Time!

"Someday, or at sometime, ye will aa tak a strange journey an ye will ken whither ye be oot o body or intae yer ain body. But this Prophetic Road aye taks ye on a trip that enlightens ye for a later date, for it is a road o personal revelation."

gan/*go* telt/*told* lurichs/*old rags* clatty/*dirty*

"Noo luck is aye present on oor Prophetic path, but whit is lucky tae some hantel is unlucky tae ithers. Listen then tae the tale o the three laddies frae Stanley..."

Eddie, Sandy and Billy were three traiveller fellas, wha were the best o freens. They were aye like the three Musketeers, wharever the een wint the ithers were aye somewye aboot. They often fell oot wi een anither, bit it wis never for lang.

Sandy wis the auldest lad and he wis a singer and loved gang tae the Folk Festivals; the ither twa lads could play the guitar and Billy played the banjo as weel, so whin a Folk Festival wis on, they were sure tae be there. Noo Billy and Sandy worked intae the toon taegither, but Eddie wis a law untae himsel. He neither worked nor wanted. He never hid a meck. The ither twa fellas aye hid tae keep him going wi drink and fags, though oddly enough the ither twa didnae drink nor smoke. And so it fell intae the month o September, whin the Kinross Festival wis gang on that weekend and though Eddie didnae hae a wing nor a roost tae his name, the ither twa lads hid their wages and so they paid Eddie intae everything. Aa he done wis come alang.

---

een wint the ithers/*one went the others*   aye somewye/*always somewhere*   toon/*town*   meck/*halfpenny*
wing nor a roost/*nothing*

It wis half past three, whin they set aff taegither tae gang tae Kinross and it wis a difficult journey frae Aiberdeen, cos ye hid tae tak a train tae Perth and then a bus tae Kinross. Eddie hid tae cairry the camp pack ontae his back, cos aifter aa the ither twa wis paying for everything between them and Sandy, wha wis the auldest, took charge o the money for the fares and the habin, while Billy wha wis the youngest, looked aifter the instruments. They aye enjoyed the festivals and they wid enter intae the various competitions. Sandy nearly aye got a first prize wi his singing and diddling, Billy and Eddie never got onything, but they enjoyed participating intae the musical events.

On this particular trip, the lads hid jist gone doon tae catch the bus tae the train station, whin Sandy deeked doon ontae the ground and spied a very strange, unusual serpent brooch. Sandy wis very psychic and he didnae pick it up, but Eddie also spotted it and he did pick it up—he thought that it wis an awfy bonnie thing. Sandy telt him tae throw it awa, cos it deeked unlucky but Eddie decided tae keep the thing. Weel, they jist got tae the bus stop and they missed the bus. Anither bus didnae come for over half an hour and so by the time they got tae the train station, they jist missed the train and hid tae wait twa hours for the next train tae Perth. At long last they did get a train which wis packed tae the gunnel and whin it came intae Perth, they saw the bus that wint tae Kinross gan oot the station; the inspector telt them the next bus wisnae until ten o clock and it wis only seven p.m.. Whit a scunner. The lads were getting ratty kind wi each ither.

So, they wint intae a pub intae Perth jist at the station. There wis a few folks playing dominoes and the boys asked if they could play as weel. Whit the lads didnae ken, wis that this folks wis playing for a penny a spot and though Sandy didnae play the ither boys did. The television ben the hoose seemed better

deeked/*looked*   Whit a scunner/*how sickening*

than the dominoes tae Sandy. Noo, Eddie and Billy didnae really ken how tae play dominoes and were getting beat aa night. An auld manishee wis keeping score o how much they were losing and so at a quarter tae ten, whin the laddies decided tae gan ower tae the bus station—this auld woman started tae scream at Billy for fower pounds for the dominoes. There very nearly wis a barny broke oot. Sandy, wha kept the purse gaed the folks their money but he felt like gaeing them a booter ootside for being sae silly tae play at the dominoes, and Eddie wis a wee bit boozie noo...

They wint ower tae the bus station and caught the bus tae Kinross and whit an unearthly night o poorin rain it wis. The water wis fair lashing aff the bus and whin eventually they got tae Kinross at half past eleven at night it wis a deluge. They were famished,but the only place open wis a Chinese cairryoot and it cost a fortune, jist for some onions intae watery stuff. Before the boys could eat it, a fool o a man came ower and asked for a bittie o the habin and pit his clatty famels intae Sandy's habin, so Sandy hid tae throw awa the food... Next they hid tae pay four pounds each for tae pit their camp up intae this water-logged field and as they hid nae haimmer tae drive in the posts they hid tae drive them in wi their hands. Everything wis sae wet, they hid spent sic a heap o lowdy and they were only newly there...

Still, whin the camp wis kind o set up the lads wint intae the toon. Only a pucklie drunk hantel were gan aboot and they couldnae get intae events withoot tickets, though only the very late events were still gan on. So Sandy wint back intae the camp and aboot an hour later the ither twa lads came in. The ground wis sweeming by noo and as the camp wisnae pit up right there wis nae room and it wis a tight squeeze for the lads—whit a dreadful uncomfortable night.

---

fower/*four*   barny/*fight*   booter/*kick*   cairryoot/*carry out*   clatty famels/*dirty fingers*   camp/*tent*
lowdy/*money*

Through the night, wi the wind sae strong, the camp fell doon upon their heids... Billy got up and kind o makeshift fixed it, but it wis standing up aboot twa feet. Sandy awoke through the night and found Eddie wis lying ootside o the camp intae a puddle, so Sandy pulled him under cover. Intae the morning the lads were wringing—Sandy couldnae speak cos he wis sae hoarse (and that pit an end tae him trying the singing competition), Billy hid a sair stomach wi the chinese habin, but Eddie seemed tae be bright as rain. And the rain wis still coming doon intae buckets, everywhere wis sopping. Eddie got three pounds frae Sandy tae gang tae the shover and get something tae eat, so he came back wi a twenty o fags, four hard baps and a half pun o butter... whit a useless dattach tae go tae a shover for habin! As long as he got his orders he didnae care for onybody else.

habin/*food* shover/*shop* baps/*buns* pun/*pound* dattach/*idiot*

Weel, it wis the maist awfy torturous day ye ever hae seen! Sandy wint aboot, half-deid wi the cauld and Billy hid sic a sair belly. Everything wis awful. Sandy and Billy stuck taegither, while Eddie enjoyed himsel playing at snooker wi some folks he hid met; they took him intae the concerts for naething and they gave him as much habin as he could eat. That Saturday wis jist awful! Sandy wint tae his bed in the weet camp at aboot ten at night, jist whin the hale festival begins tae come alive. Billy came in aboot twelve, but Eddie—he stayed oot until five in the morning and then this folk that Eddie kent, they gave him a water-proof sleeping bag, so he wis warm and dry... Sandy and Billy were soakin through tae the skin and freezing cauld and the camp hid become an endurance test where only Eddie seemed tae be intae a fine warm sleep.

Billy's belly wis noo sae sair, for it wis truly a wet and windy night and so Sandy arose at eight o clock intae the Sunday morning and said that he hid teen enough o Kinross. He kicked the tent doon and telt the boys they were gan hame right now. They packed up the camp and plunked it intae the sack and they made their wye up tae the bus shelter where they waited and waited and they were famished. The rain wis still in a torrent. There wisnae a shop open tae buy ony habin and they didnae ken the time o the bus tae Perth—but they waited patiently.

It wis nearly twelve o clock noon; they hid waited noo nearly fower hours for a bus intae Perth, whin a shop opened, so Sandy wint ower tae get some sweets for the lads cos they were famished. He and Billy were buying food, whin Eddie let the bus get awa...

Aifter aa that waiting and the shop wis only across the road! Sandy took a mentler and threw doon the camp tae come a darrach aff o Eddie's lug wi his fammels, but he missed, hit the lampost and nearly broke his hand... he wint mad and left Eddie huddin the camp, wi Billy following, cos he hid the train

---

teen/*taken* gan hame/*going home* mentlar/*fit* come a darrach/*take a swipe at* huddin/*holding*

ticket. As Eddie followed cairrying the camp and trying nae tae rouse Sandy ony mair... Eddie says "I still hae mi lucky chairm!" and wi that the twa fellas were gan tae jointly batter him, whin a big fancy sports car came by and the driver asked Eddie if he wanted a lift—so Eddie pits the camp intae the back o the sports car and he gets a lift right intae Aiberdeen.

Sandy and Billy were left walking in the rain and they took the auld Glen Farg road. Noo there wis only an auld man wi a bicycle passed them by, but then a van stopped and gave them a lift, he took the lads aboot five hundred yairds... they were mair annoyed than ever. They walked and walked for miles until they came tae the Bridge o Earn and there they managed tae get a lift intae Perth. Whin they got tae the railway station they jist missed the two o clock train... Tempers were noo very high and the next train wisnae till eight at night.

Weel Perth is the maist miserable toon intae the rain! The fellas walked roon and roon this city, and then they sat intae a shed overlooking the river Tay for ages. They were noo soaking through tae the skin; jist aboot an hour before the train wis tae come in, the fellas decided tae walk aroon the toon again until the train wis tae come in frae Glesga, and so aifter whit seemed like an eternity they wint intae the station. There wis aboot fifteen minutes tae go whin an auld man intae the station asked Sandy tae go tae the chipper for him, as he hidnae hid a bite tae eat that day—neither hid the boys, but Sandy wint tae the chinese chipper intae Perth, aboot half a mile frae the station. Weel, the chipper wis crowded and he wis jist starting frying… the time wis passing and Sandy wis getting worried cos he hid Billy's ticket and if they missed the train, Billy wid leather him for being sae dumpish. Wi only a minute tae go, he got the mannie his chips and they got ontae the train as it wis moving and whit a crowded train! Everybody seemed tae be on it and it wis slow and cauld…
Then they hid tae change at Dundee…
Then anither half hour wait…

The next train wis an auld fashioned carriage train and it wis full o drunk hantel. Whit a dreadful journey and they hid tae stand aa o the wye, still at least they were on their wye hame tae Aiberdeen and there they wid be safe, warm and fed. Wid ye believe it—the train wis only gan as far as Stonehaven… Anither fifteen miles tae gang and they hid tae change ontae buses and these folk were aa fighting through een anither— there wis a scuffle ontae the bus and Billy got a kick on the shins by some fools fighting wi een anither and Sandy got a punch in the eye; the bus wis like a free for all and abody wis sae drunk, it wis jist an ordeal… Still at long last the boys did get intae Aiberdeen bus station. They hid started their journey at eight o clock in the morning and noo it wis aifter half past eleven at night. Naething else could possibly gang wrang. Weel it did… the lads missed the last bus back tae the very end o the city, whar they bade. They didnae hae enough lowdy for a taxi, so they hid tae walk aa the wye hame.

toon/*town* roon/*round* Glesga/*Glasgow* chipper/*fish and chip shop* dumpish/*stupid*   125

It wis noo aboot one in the Monday morning and the twa lads hid tae rise at six, for tae gang tae their jobs in the morning. The boys wint intae their separate hames and they were baith knackered…

The next morning Sandy couldnae move for the pain in his back and hid tae gang tae the doctor, wha kept him intae his bed for six weeks. Sandy then took plurisy wi aa the water he deeped intae his body and so wis aff for eight weeks cos o that weekend trip!

Billy wint in half-deid intae work—the boss cawed him intae the office and telt him he wis getting made redundant immediately; so peer Billy hid nae work, nor lowdy, nor a wing nor a roost tae his name! Baith Sandy and Billy blamed aa their ill luck ontae this awfy evil-looking serpent brooch, that Eddie hid picked up frae the grun on the Friday aifterneen.

And Eddie? Weel he deen very weel for himsel—according tae him, the gadgie wha hid gied him the lift intae Aiberdeen, wis very impressed wi his chatter. He hid telt the gadgie a heap o prechums aboot himsel, that he hid deen survival courses and that he could tak complete command o things in an emergency. Weel the gadgie hid a big business in Aiberdeen, and so he gaed Eddie a job as a fork-lift driver and he thought the world on him. Eddie became the gaffer o the works, and deen very weel in his job—he smairtened himsel up and he started gang aboot like the laird o the shire. Then he met a very nice girl wi property and he got hitched and everything wint weel for him!

He said that he lost the lucky brooch—but Sandy and Billy still said tae themsels that it wis the unluckiest thing that wis ever found upon this earth!

---

hames/*homes*   baith knackered/*both exhausted*   deeped/*soaked*   wing nor a roost/*nothing*
grun/*ground*   gadgie/*man*   prechums/*lies*

"Ye see Eddie believed the chairm wis lucky and so it truly wis for him... for we aa mak wer lives intae whitever we want tae..."

"If ye deek oot o the Timeless Vardo noo ye will see I'm takin ye aa tae America, for mi Vardo can tak us ower oceans and that's jist fit I'm daein for this next stop. Noo then Stanley, mang tae us aa o the weird tale o Wullie…"

SKIN WALKERS

Wullie wis a traiveller fella wha wis a very guid piper and folks heard o him even as far awa as America. He wis sic a guid piper that he wis invited tae tak pairt intae a big piping extravaganza held intae Colorado in America; an event that lasted for over a week and he wis tae judge many o the piping competitions. It wis a rare week for him but whin it ended, he wint tae bide wi his niece for another couple o weeks. His niece bade intae Idaho and her folks were house builders, wha made him very welcome and he wis invited here and there tae play for many dances and concerts there.

Een o his faimily asked him if he wanted tae gang tae the Bear Lake ontae the border o Idaho and Utah. They telt him that they were building a special hoose there, for a doctor wha bade intae Salt Lake City and wis very wealthy. He hid asked for a log cabin tae be built for himsel and his lady wife and this hoose wis tae be a kind o retreat frae the city. Bear Lake wis a very weel sought aifter place and a lot o bean rannie hantel hid canes built for them there. The hoose wis actually aboot twa hundred miles frae whar they were, but Wullie wis glad tae accept the offer o an extra trip awa for it wid gie him a chance tae get tae ken his niece's hantel better. Only the fellas were gan there, cos they were really gan tae finish aff bits and pieces o the cabin so the doctor and his wife could gang tae start biding there for the vacations in the simmertime. Wullie wis excited aboot gang tae Bear Lake.

---

ower/*over*   fit/*what*   daein/*doing*   mang/*tell*   sic/*such*   bean rannie hantel/*well-off people*   hid canes/*had houses*

It wis in the month o March then—and that is usually nae bad kind o weather ower there for the early spring o the year, but for some reason the weather freaked and the wildest snaw storm came doon halfwye, as they were making their journey tae the Bear Lake. The hantel were prepared, for they kent the climate and said that ye could never be sure aboot the weather. So the fellas jist changed their wheels—they aye carried winter wheels and chains wi them ontae the back o their big van. The journey took a wee bit langer, but the folks hid everything that they required and they had plenty o habin and provisions wi them, as weel as shovels and survival gear. Eventually the men got tae the Bear Lake and the big van made right up the hill tae whar the cabin wis builded.

Wullie got the surprise o his life whin he deeked it. Whit a cheek the folks hid for cawing it a cabin! It wis the grandest, maist luxurious hoose yer yaks ever beheld! It stood at the top o a hill looking doon upon the Bear Lake, which wis as big as the Irish sea and the view frae the hoose wis spectacular, only Wullie couldnae see very muckle, cos o the wild snaw that wis blawing. The folks wint in and pit on the central heating and in nae time at all the hoose wis fine and warm—whit a luxury it wis. The hantel wha owned it hid everything that ye could possibly desire intae it.

As ye came in, everything wis done up in wood that looked very much like pine and the fresh smell o the wid wis everywye. The lighting wis aa fluorescent and the furniture wis jist a perfect match . Everything wis ontae een landing except for three rooms that were slightly elevated above the fleer. They hid electric chairs that massaged ye and the water wis effervescent and they hid a jacuzzi as weel... and Wullie hid pictured in his mind a wee log cabin like the pioneers bade intae, but this very modern hoose wis jist the epitomy o luxury! Nearly aa o the hoose wis finished and really the only things that were missing were the drapes ontae the windaes and een or twa o the wifie's touches here and there.

The altitude is very high here (where oor Vardo is noo) and so Wullie aye felt he wis haeing trouble in breathing. The oxygen wis awfy sparse and the extreme cauld made Wullie very drowsy and he couldnae seem tae keep awake. Even before the folks made supper he wis sound asleep ontae een o this electric chairs and he kept nodding on and aff aa o the time.

He awoke tae the fine smell o steak being fried and the hantel could haa like Robb Haa's puddock. Weel they gave Wullie a tightner that wid hae spent a calf and he wis fair rown fu. Neen o the hantel peeved or did things like that, cos they were very religious folks wha didnae imbibe, they were very guid living and sober hantel and made Wullie very much at ease.

That evening, while the storm wis blawing, the fellas attended tae their wee jobbies roon the hoose, maistly fixing locks and little indoor jobs. Wullie played his pipes and the hantel were very pleased tae work and listen tae a variety o bonnie Scottish tunes. The men were aa quite happy wi themsels and they didnae gie a hoot aboot the wild storm, there wis naething tae be trash o cos they were weel prepared wi everything.

fair/rown   fu/full up   peeved/drank   trash o/afraid of

Whin it came time for the men tae gang tae sleep, twa o the laddies took a room each at the back o the cabin and Wullie kept a bonnie large middle room at the back. The faither took the living room bit and slept ontae a very big braw sofa. The hoose and everything intae it wis comfortable. Wullie wis fair delighted wi the room he picked, it wis the biggest room intae the hoose and whit a barry deeking room! It wis decorated wi bonnie oil paintings and the bed iself wis extra large and sheer comfort. Wullie liked that, he wis a big laddie and the great big bed wis a treat tae him. The only thing that wis missing frae the room wis curtains, but the manishee probably wid dae that kind o jobs hersel whin she came tae bide intae it. The windaes were right frae the roof tae the fleer and they curved a bittie roon and they were panoramic for ye could see right intae the white snaw mountain. The cabin wis built fair intae the mountain and wis high upon stilts on the front side o the hoose. Tae mak things even better the bed wis orthopaedic and aifter a fine bath intae the jacuzzi, Wullie wint intae the bed. O it felt pure paradise tae the tired piper; he hid ate enough tae kill a cuddie and noo he wis able jist tae lie back and luxuriate inside it. He deeked fair intae the heart o the mountain, he wis very high up intae it. Noo that he wis completely relaxed he felt every een o his muscles easing aifter the strain o the lang day and he also felt his breathing becoming normal, cos he wis intae such relaxation. The fella felt really guid and being intae such comfortable surrounding, Wullie fell intae a deep and fast sleep.

He awoke firstly wi his door rattling and his heid wis jist at the edge o the jigger. Then the jigger opened and the faither pit his heid intae the door and said, "Wullie, your breakfast is ready" and Wullie responded "I will be up intae twa jiffs." The piper pit on his breeks and sheen. He could see clearly intae the room cos o the white brightness o the snaw intae the mountain. He pit on the light and ootside the room it darkened. Wullie wis sure it wis early morning and he could fair smell the breakfast

braw/*fine*   barry deeking/*fine looking*   manishee/*woman*   fleer/*floor*   cuddie/*horse*

being ready. Whin he wint oot o the room the hoose wis intae darkness. Wullie walked ben tae whar the faither o the fellas wis sleeping and right enough, the aulder man wis inate a deep slum. Wullie felt kind o shan."It must hae bin a dream I wis haeing". He blamed it upon the high altitude for gieing him this strange realistic dream.

shan/bad

Back he gangs tae his kip and pits oot the light and faas asleep.

Again he awakens wi a startle and the second time it wis een o the lads. This loon wis cawed Gordon and he could speak and mang a wee bit o the Gaelic cos his wife Liz spoke it a lot and the laddie liked aye tae show aff tae Wullie that he could mang a few words in Gaelic. He banged ontae the jigger o the room very loud and he shouted oot:
"Tha lite agus bainne agus caise air 'a 'bhord deiseil, Gwillim". Wullie deeked up and saw Gordon and heard him mang in Gaelic.
"It's aright laddie I am getting up noo." He got up and pit on his breeks again and wint through tae the living room and wid ye believe it—the hale hoose wis asleep! Wullie felt a bit uneasy. Tae happen eence wis naething, but tae repeat the performance a second time wis nae tae be laughed at and the piper wis feart noo and his heart wis beating like mad. It wis getting frightening; especially being awa sae far frae his hame intae Aiberdeen. Eence again he wint back tae his kip. Traivellers are very superstitious aboot ony thing gan like that for three times, but he happed up his heid and fell asleep eence mair.

Then the third time he wakened up there wis the maist unearthly banging at the jigger o the room but there wis nae voice, naither did the door open. Wullie wis awake but he wis feart tae open his yaks for the room reeked wi dire evil. His hale body wis shaking and reverberating. Whit an unearthly evil presence filled the room. The evil seemed sae strang that ye could feel it. Wullie deeked right intae the mountain and it wis sae bright wi the snaw. The wild night hid settled leaving only a layer o crispy crystal snaw lying on top o the ground.

kip/*bed* faas/*falls* mang/*talk* hale hoose/*whole house* feart/*afraid* happed/*covered* strang/*strong*

Wullie peered lang intae the night. He felt something wis happening tae him. Then as he deeked intae the mountain, it seemed tae open. He lay in his bed and somehow he couldnae move hand nor fit. Then they started coming oot o the mountainside. There were thousands o them. They were weird looking creatures, almost human-like but they were dressed intae dirty sackcloths and they looked filthy and they came and they came. Right through the windae they came. The room wis like a lump o ice and peer Wullie couldnae move. They kept coming in and it looked as if they were things from anither place, he couldnae say whit place but it must hae bin Hell. A vile stoor came aff o them and the room reeked wi a foul stench that wis seekening.

The noise they made wis like hundreds o piano tuning forks gan aff at eence. They came tae Wullie and they tried tae touch him wi their strange ancient hands. Their skin wis faaing and slipping aff them. Like hundreds o wee birdies chirping aa the gither, the strange noises were getting louder and louder, they were trying tae pull at Wullie but as they didnae really hae flesh it wis like cauld winds passing by his body. He kept slipping and further slipping doon the bed and he kent that he wis being pulled intae the mountainside and through the windae. It wis awfy. Jist as he wis gan tae slip aff the fit o the bed a great loud howling wind came through the room and aa the strange creatures seemed tae be pulled back as if intae a great vortex. They were teen back intae the mountainside. The experience wis ower, but it left Wullie very shaken.

gan aff at eence/*going off at once*   the gither/*together*

Weel the next morning there were een or twa Indian lads working on the hoose, daeing jist wee jobs ontae the ootside. It wis very cauld and anither storm wis expected. Wullie got manging tae the Indians and he speired tae them aboot the history o the mountain, so the Indians telt him that lang ago there lived a dreadful tribe o wicked Indians wha practised an evil form o black magic, and especially a thing cawed the "appocinini"—the raising o the dead—something like unto Zombies. They were sae evil, that whin they died they still wanted tae rise and walk amongst the people, so many o them were buried actually standing up ontae the mountainside. The Indian lads cawed it "the Legend o the Skin Walkers".

Wullie wis petrified, cos he hid found oot aboot them the next day—aifter he hid actually experienced them the night afore. He believed the Indian lads cos they kent the legends o their ain hantel, although they didnae belang tae that tribe, for that tribe hid vanished years ago.

However, since anither big storm wis imminent, the fellas aa decided it wid be safer tae gang hame hame tae Poccatello for they didnae want Wullie tae miss his plane hame cos o them being snawbound for a few days, so they wint back hame. Wullie caught his plane hame tae Scotland and he never forgot the dreadful experiences that he hid intae that cabin in the Bear Lake and the night he spent wi the *Skin Walkers..!*

"Noo though it seemed like a bad experience tae Wullie, it wisnae really for it wis only a cry frae the Indians for help. Like the Traivellers, they only wanted tae keep up their ain wyes o daein and keep up their traditions an we should aa preserve these."

"Some folks can be awfy selfish tae ithers less fortunate, but it disnae pay tae incur the wrath o a gypsy as this story will show ye!"

AULD EPPIE'S CURSE

Noo Auld Eppie hid the power tae bless or curse, so maist folks were wary nae tae offend her. If she cursed a body then ye could be sure it wid faa upon them, yet she wis usually a sweet-natured auld body, wha wid gae her last tae help onybody. Her worst fault wis that she couldnae stand ony person making a panny oot o her. That jist pit her stone horn mad and she wid curse a person wi some o the wildest curses that she could think upon. The hantel that kent her wid rither hae her guid nature and her blessings an nae her awesome side that came oot whin she lost her control within. Still, usually everbody liked her cos she wis a kind auld culloch.

Eppie's gadgie wis deid, yet she liked tae bide on her lane and never depended upon onybody keeping her, for she aye could look aifter hersel. There were quite a few things that she could dae, such as collect lucky stanes and sell them roon aboot the keirs; rarely she read fortunes, but if she wanted the price o her supper, then she wid turn her hand tae that. She used tae mak very sweet perfumes tae sell tae the country women, or perhaps even tell stories for tae get her nights lodgings frae the country hantel, so Eppie wis aye on her traivels and many a guid story she could tell aboot the things that happened tae her.

panny/*fool*   stone horn mad/*completely mad*   wid rither/*would rather*   culloch/*old woman*   lane/*own*
stanes/*stones*   keirs/*houses*

Een such story wis frae a time whin she wis telling a young lassie her fortune at a camping ground near Cluny. She hid telt the lassie many things, but she telt her she wid mairry weel and that she wis gan tae dae very weel for hersel; the lassie laughed at her fortune, but Auld Eppie telt her nae tae think that it widnae happen—cos it wid! And then she telt her o a lassie wha's fortune she hid read only aboot eighteen months afore.

Jist aboot eighteen months afore, Auld Eppie wis traivelling ower a pairt o the country up near Tomintoul. The auld woman hid bin very tired and cauld frae her traivels and her mooth wis fair watering for a moothfae o slab. Intae the distance she could see a very weel-looking hoose and it deeked tae hae rich kind o bean rannie hantel biding. "Och, I'll try tae cadge mi slab frae een o the servant lassies o this big hoose," she thinks tae hersel.

She kent nae tae gang tae the front jigger, so she wint roon tae the back jigger and knocked. Oot came a bonnie, young smiling-faced racklie, aboot nineteen and she wis dressed up in her maid's uniform and she asked the auld culloch whit she wanted.

"Weel tae tell ye the truth, I wanted tae get a cup o tea and maybe a bit o loaf or something, cos I'm fair famishing o hunger and I am cauld as weel."

"Come in and sit at the fire and gae yersel a heat, grannie; I will mak ye some tea. Mi mistress dinnae let me tak onybody intae their hoose but I will tak ye in jist the same."

This hoose wis owned by twa spinster manishees. They were weel-tae-dae dills and they were baith awfy selfish middens o women and were as greedy and grippy wi their lowdy that they wid hardly gie ye a kind look. They only kept een servant wha hid tae cook, clean, and even sometimes dae the gairdens. She wis croaked wi work, but she wis a cheerful happy-go-lucky lassie and she hid a smile for everybody. Miss Catherine wis the elder o the twa sisters, she wis thirty two and she hid bonnie red hair but she never smiled and aye glowered and sneered aa the time. It wis her wha really wis left the hoose but

---

moothfae o slab/*mouthful of tea*   deeked/*looked*   bean rannie hantel/*well-off people*   cadge/*beg*
racklie/*girl*   weel tae dae dills/*well-to-do young women*   middens o women/*nasty women*
croaked/*overloaded*

she shared it wi Miss Elizabeth wha wis only twenty six and didnae hae sic bonnie hair cos her hair wis dark broon and straight. Her features were a bit grim as weel and I suppose neen o them were whit ye wid cry oil paintings. Miss Elizabeth wis very wealthy, she wis left a smaa fortune by an uncle, cos she wis his very favourite niece, so there wis a slight kind o animosity between the sisters and sometimes they wid faa oot and miscaw een anither tae the servant girl—wha's name wis Jean. Noo Jean hid the sense tae nae tak sides and sometimes she hid tae be a go-between tae the twa dills. Usually they could get on, but jist that they were twa miserable cratures.

It jist so happened then that whin Auld Eppie wis in the scullery, heating hersel at the fireside these twa boglets o manishees entered. They deeked at her like twa goats and then Jean came in and said:
"I took this auld lady in frae the cauld, so that I could gie her a cup o tea tae heat her up a bit."
"Ye know we do not like to have strangers intae the hoose," said Catherine. Elizabeth sneered and said:
"Do you read fortunes old crone?"
"Weel if I wis needing the price o mi habin, I wid dae it," said Eppie. Miss Catherine responded:"Then if ye want your tea and a piece o cake, then ye must surely read our cups or our hands."
She read baith the palms o the twa boglets and she gaed them a nice fortune. The twa manashees deeked at each ither and made a balmstick oot o the auld woman, wha then read the young lassie's fortune and said tae Jean:
"Very soon ye are gan tae meet a weel and wealthy lad, wi a guid business and ye will be mairried afore a year passes."

boglets o manishees/*ugly women* habin/*food* balmstick/*idiot*   *141*

The twa sisters didnae like Jean getting this guid fortune and they got huffy kind. Miss Elizabeth wint ower tae the kettle and she stewed up auld tea, she then got an auld stale bit o cake that they kept for pitting intae the micetraps and she gaed this tae the auld woman. Jean at this time wint ower tae her purse and took oot a threepenny and she gaed it tae Auld Eppie and said:

"Thanks for getting me a guid fortune for mi and I hope it comes true."

The twa sisters smirked at Auld Eppie whin she pit the stewed slab intae her mooth, but traivellers are very fussy aboot their slab. The rule o making a pot o tea means that it should be "yellow as honey, and strong as tar." So this slab wis a deep insult tae the auld woman and up she got frae her chair and then her wild awesome nature came oot:

"I bless this young lassie—that she will be a mair respected person intae the neighbourhood than ye twa selfish middens! Ye may hae wealth and riches noo, but I predict that nae a year shall pass but ye will be in disgrace and that ye will hae an everlasting hatred tae een anither, but nevertheless ye will baith hae tae depend upon een anither for yer ain company!"

slab/*tea*

Eppie then stormed oot o the big keir and awa up alang back tae Tomintoul, whar she wid surely get a wee bit kindness frae some o the folks there. Jean wis very saddened by the selfishness o the twa women towards Auld Eppie and she telt them that whit they hid done wis a very unkind thing and that they should apologize tae the woman afore they were too late tae stop her curse. The twa sisters didnae believe in such superstitious nonsense.

Weel a month hid passed and it so happened that Miss Catherine wint intae Tomintoul for tae get some things from the shops there. She also went in tae see a friend wha used occasionally to cut her hair and style it in fancy ringlets. This day her friend wis awa tae Braemar, but while Miss Catherine wis walking alang the street she met a very dashing gentleman and he hid a very smart carriage and horses. He spoke tae her, "Are ye Miss Catherine from the big hoose?"

"Yes, indeed I am," she replied, "but how dae ye ken mi name?"

"O, I am a freen o Helen, and she telt me that ye hid the bonniest hair in aa the area, so I knew that is wha ye maun be." Miss Catherine beamed with delight. Whit a wonderful compliment frae sic a handsome pottach! He wis a dashing fella. He stood six feet high and as straight as a dye; his fine shooders were kept weel back and he hid a smart moustache— a fine figure o a man.

"My name is Captain John Cleaver, o the Bengal Lancers and though I am finished wi the military noo, old habits die hard. I wid like it if ye wid come for a hurl in mi carriage."

Miss Catherine wis taken aback, but she accepted the offer and they wint oot for a nice ride in the country. He took her intae a posh hotel and he ordered her a nice tea. Whit a wonderful day she hid and she could nae get hame quick enough tae show aff tae her sister, Miss Elizabeth, wha wid fume wi jealousy that Catherine hid cleeked wi a handsome rich fella.

keir/*house*   maun/*must*   hurl/*drive*   cleeked wi/*caught*

Weel, he wis invited up for dinner and Jean cooked the best of food, wi salmon on the menu, alang wi the very best o white wine. Even Jean noticed whit a dashing and debonnair fella he wis. The twa sisters were enthralled wi him, but Elizabeth wis very jealous and plotted tae get this fella awa frae Catherine withoot letting her be aware. So she cunningly invented a plan by which she could see Captain Cleaver on his toad.

Miss Catherine hid the hoose, but Elizabeth wis wealthy. Elizabeth een day got the captain tae tak her awa for a ride ontae the carriage, withoot Catherine's knowledge. Then, she foolishly telt the captain that she wis a woman o great wealth and that she needed someone tae advise her on how tae get the best from it. O, but he knew aboot shares and things like that and he advised Elizabeth that he wis an expert in this field, so if he could be trusted with her confidences, then he wid certainly advise her on how tae get the best frae her money.

And so, wi her letting dab oot aboot her wealth, he noo set his affections ontae the younger sister. He coorted baith the sisters. He coorted the aulder Catherine at different times and he got them baith lured intae his trap. Catherine's money he managed tae get intae a business venture whit naebody else kent aboot; she did not hae great riches and she wis very grippy wi her money, so she only pit a small sum intae his private enterprises—whit she thought wis gan tae bring great abundance tae her in time. On the ither hand, Elizabeth wis completely stumped wi him, for he hid said that he loved her and that they were tae get mairried soon; but Catherine must nae get telt aboot it. He then spinned the same rill tae Catherine and she wisnae tae let dab either tae her sister. So he played between baith the sisters and he knew each o them very weel.

144   toad/*own*   letting dab/*telling*   rill/*lie*

But then his evil past an rogueish life wis catching up wi him and so the time came for him tae scamper—haeing aa the wealth o Elizabeth intae his keeping. She signed everything legally ower tae him, thinking that she wis tae be his wife. Peer woman, she wis left withoot a bean. Catherine, wha wis a bittie mair careful wi her lowdy, didnae loose very muckle and she aye hid the hoose; but she wis pregnant tae him. She did think that he loved her—but he didnae love onybody ither than himsel, for he wis a professional con man.

So then came the crunch, whin everything came oot clean intae the wash.

The twa sisters were very bitter women, each hating the ither. Elizabeth wi nae lowdy, hid tae beg charity frae her sister, and Catherine, noo losing her respectability, hid tae depend upon her sister for tae help her through her confinement and be her companion…. there wis an atmosphere intae the big hoose that ye could cut it!

A very handsome, young wealthy doctor came intae the area and he used tae visit Catherine during her pregnancy. Catherine wis aye nae weel wi this bairn, cos she wisnae exactly a spring chicken. The young doctor een day met Jean and took a shine tae her. He coorted her and she fell madly in love wi him.

Afore the year wis oot, auld Eppie's words hid come tae pass: Jean got a blessing: she mairried a wealthy good-deeking doctor and wis weel respected as the wife o the local new doctor.

Miss Catherine hid a wee laddie, wha's hair wis as red as the sun; he deeked like his faither and as he grew up he gave his mither a hard time o it.

Elizabeth wis a completely miserable woman and wis totally dependant upon Catherine for eveything.

Auld Eppie lived tae tell the tale a puckle o years aifter that. Many a time she passed the big hoose and she thought upon the twa selfish manishees that bade there. Aye and mony a time she wint in by the respectable young doctor's wife—wha aye gaed a guid tightener o habin and a few coppers tae hersel. So ye see, never mak fun o ony auld traiveller woman—cos it might jist be Auld Eppie!

"Folks deserve whit they get whin they hurt ithers, and if the laird seems high, he will faa aa the lower if he's coorse, cos coorseness is aye meted back tae the giver."

puckle/*many*   tightener o habin/*helping of food*   coorse/*wicked*

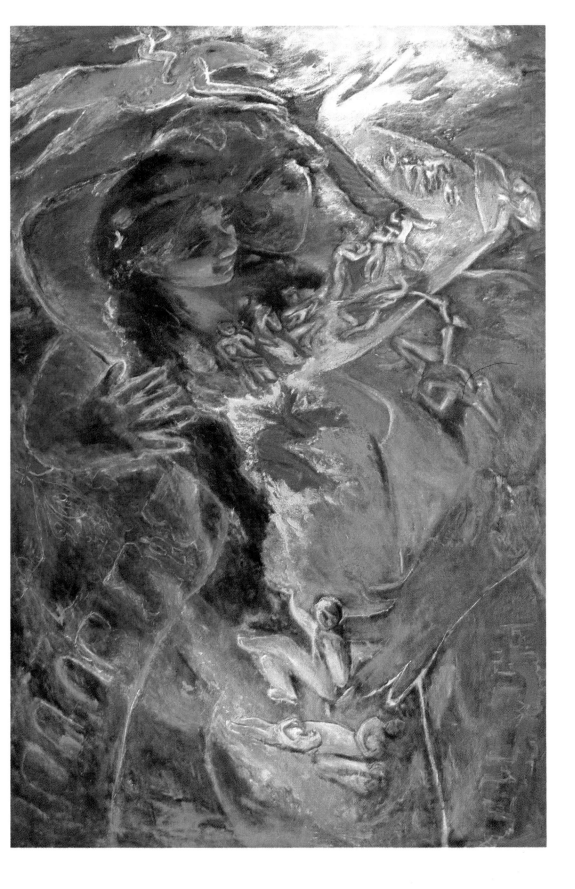

NYAKIM'S MYSTICAL ROAD

THE RIDDLE SANG

(traditional)

Tell her tae mak me an acre o lan,
Betwixt the salt sea and dry strand
(chorus)
blaw, blaw, blaw wind, blaw,

and the winds blawn mi bonnie lassie's plaidie awa

Tell her tae mak me a fine holland sark,
Withoot ony stitch or needle wark
(chorus)

Tell her tae mak me a bird o stone,
That cannae sing or his nae bone
(chorus)

Tell her tae gie me a pail o white milk,
Withoot ony drop ever bin spilt
(chorus)

Tell her tae sing me a sang withoot end,
That I'll walk the road withoot ony bend
(chorus)

"Animals are next tae humans as they were pit upon the earth tae be freens tae men. Some beasts hae great knowledge within them and maybe they dinnae mang tae ye but they hae anither kind o communication which we can hae a look at noo on oor Mystical journey—first o aa then Stanley, tell that true story aboot yer ain juckel."

DICKY THE DOG

He wis only a few days auld whin we got him. He wis a wee, light broon puppy and did nae look as if he wis gan tae survive. The coorse wifie wis gan tae droon him intae the Don, but I happened tae be walking by at the time and jist as she wis ready tae plunk it intae the waater, I telt her nae tae dae that—I wid tak it hame wi me. I aye liked for tae walk roon aboot the woodland areas o the Don, oft times jist tae be alane wi mi thoughts, so for that reason I wis awa wandering through the walks roon aboot Persley Den, when I deeked this wifie opening her bag and taking oot the wee cratur. There wis nae doubt in mi mind whit she wis gan tae dae wi it. So I took it frae her kenning weel fine that the wee beast hidnae bin weaned. It wis a bonnie wee bundle and I pit it intae mi pooch and took it hame wi mi. It wis in the late simmer and the peer wee thingie jist pined awa tae itsel inside mi pooch. I didnae ken if mi wife wanted a dog cos it wis aye cats that she liked and I didnae ken jist how she wid react tae a wee puppy. Onywye, whin I came hame tae the cane she didnae really mind at aa and she widnae hae liked tae see the wee thing drooned either.

juckel/*dog*   coorse/*cruel*   droon/*drown*   kenning weel fine/*knowing very well*   pooch/*pocket*

We hid a young infant son cawed Dale, wha wis only a couple o weeks auld and mi wife gave me an auld bairn's bottle, so that I could feed mi wee puppy. Everytime mi wife made a bottle for Dale, I aye got the leavings that were intae the pan for mi wee doggie. It wis difficult at first trying tae get it tae tak the milk, but I pit it intae a box wi a teddy bear and a mirror and it must hae thought that the teddy wis its mither, for it started tae drink frae the bottle. Everytime mi wife wint up tae feed Dale, then sae did I for mi wee beast!

Intae nae time at aa then, it wis growing fine and fit and whit a wee beauty he wis. His colour wis light broon and he hid a fairly lang tail. I ken he wis jist a mongrel, but whit a noble beast he wis, there wis a bit o a collie and a bit o a red setter in him, so we jist said tae abody that he wis a Heinzer, or a whole doze o varieties. Twice I wis offered ten pounds for him, but I aye refused money for him as I liked the dog mair than lowdy. The laddies cawed him Dicky, aifter a story I telt them aboot a wee laddie cawed Billy Van, wha hid a wee doggie cried Dicky. Weel he wis aabody intae the street's dog, for whit an independant beast he wis; nae maitter whit kind o food we bought tae him, he widnae eat it. He wis an awfy fussy crature and used tae feed himsel frae begging at the doors o the hooses intae the streets and mi neighbours used aye tae tell me that Dicky wis intae their hoose for its dinner; he also wint tae aa o the ice cream vans as weel. Whin the icers sounded their horns he wis aye the very first customer, so everyone o the vans kent him and gaed him a free ice cream.

And he wis a very fly dog wha kent every word ye said tae him and escorted every visitor tae the bus stop whin they left the hoose. Strangely, if Dicky liked ye he wid gang wi ye onywhere, but if he didnae tak tae ye for some reason he wid growl at ye, though there were only a couple o folks he didnae like. Everyone o the shops kent him—the grocer, paper, hairdresser, post office and chemist aa kent him by name. Noo Dicky slept under oor bed every night and ye could aye hear him snoring. Ye never hid tae worry aboot him biting onybody, though he wid aye get ye intae trouble for chasing cats and cars and seemed tae think that nae ither dog hid a right tae be in the vicinity, for he fought every ither dog intae the street. There wis naething he wis feart o—he wis a survivor and could fend for himsel—he wis a traiveller's dog! Whinever a jigger wis open he wid either gan oot or gang in and he didnae care whas hoose he entered, as lang as there wis something there for him. Whit a wise and intelligent animal he wis, for he aye sensed whin onything wis wrang, or whin onybody wis gan tae die; some nights he wid banshee howl and sure as death somebody snuffed it.

There wis een terrible night, whin the dog wis very much in tune wi psychic things. It wis an August evening and wi aa hid retired tae bed, whin some wicked people, wha didnae like me, sent something very evil tae come tae mi hoose. We were lying intae a wee roomie at the end o the hoose and next tae that wis twa o the bairns rooms and then the next room alang wis the living room. I awoke in the deid ceelings o the night and there wis the maist terrible evil presence at the windae. I could feel its presence sae strong that I could feel its foul breath lapping upon the windae pane. I wis stiff wi fear and kent if I deeked roon jist a wee bittie, then I would see its face. Mi hale body reverberated and large goose pimples cam oot aa ower mi body; I wis petrified and cawed oot tae mi wife for tae pit on the light, so that I could face the evil and get rid o it. In order tae get rid o evil, ye must hae light.

feart/*afraid*   deid ceelings/*dead silence*   *153*

Noo mi wife couldnae sense the evil and widnae get up tae pit on the light, she jist happed up her heid and wint tae sleep. I couldnae move a hand nor fit tae help masel, though if only I could get tae the light then I could remove the evil. I deeked aroon tae the windae and there wis a large gruesome figure dressed intae a lang hooded cloak, it wis obviously completely evil and I got a dirty evil shiver gan up and doon mi spine. It wis a time whin evil hid trapped mi unawares, so I didnae hae the strength tae fight it and this evil presence stood ootside the windae o mi hoose and it jist glowered intae the room. Maist fearsome o the lot wis its een, they were jist twa red slits that were bright like the fires o Hell. It didnae come intae the room, for that maitter it couldnae get intae the hoose, but its power wis strong enough tae gan through the windae and penetrate the hoose. I felt like screaming but I couldnae get even the power tae dae that. Then I felt the evil move and I could feel the cauld shiver gan oot o mi and move alang the backie whar it stopped at the bairns room. Eence again it couldnae enter intae the bairnies room. I telt mi wife that I kent it wis ootside o the bairns room at the windae but it didnae bide there lang.

happed/*covered*   heid/*head*   fit/*foot*   masel/*myself*   backie/*yard*

Whar it wis makin for wis the french windaes o the living room. Noo the french windaes being aa glass, it wis able tae see right intae the living room and then came the maist frightening pairt. Whinever the evil came there, the dog, wha wis intae the living room that night let oot the maist horrible, blood-curdling banshee howl that I have ever heard in mi life. Every goose pimple doubled and the cauld shivers were rinning up and doon mi spine and I kent full weel that it wis a great horror that wis trying tae get intae mi hoose that night, but still I wis sae overcome wi fear I couldnae move. Then I heard the juckal squeal oot o it and it kept on gan mad, as if it wis being murdered. That wis it! Mi courage returned. I pit up the light and at once I felt the evil move awa frae the hoose, cos I hid the power tae remove it frae mi noo and wisnae feart ony mair. Firstly I ran ben tae see the bairns were aright and they were aa asleep. Then I went ben tae the living room, whar mi peer wee doggie wis lying ontae the fleer greeting—it whimpered and whined and could nae move its hind quarters. It wis as though it hid bin kicked wi a pair o tackety beets. I wrapped a warm blanket roon it and made a drink for it, mixing a wee suppie o whisky and twa raw eggs. It wis an auld traiveller remedy for seek animals. Dicky couldnae walk for over a week and he never ever wint oot o the french jiggers again. So I ken that the evil must hae got intae the living room through the night and Dicky hid seen it and tried tae protect us and encountered it; but the evil must hae attacked the wee dog, for it wis fighting tae save us.

Dicky wis a dog in a million years and we hid fourteen wi him. Wi shared many wonderful times wi him and raggy-muffin as he wis, he wis a very devoted and loyal freen. We moved hoose and Dicky never quite took tae the new place. He couldnae get tae roam aboot the place and we hid tae keep him intae the very large gairden. He slowed doon a bit, but he still deeked very much a young juckal and his coat wis still light broon and his yaks were keen.

I hid tae go awa een Friday tae Edinburgh and I wis nae coming hame again untae the Saturday. Weel that night the dog turned ill and my wife nursed him nearly aa o the night. She gave him eggs and milk and wrapped him in a blanket. Through the night he came up tae the top o the stairs and lay there until dawn. Aboot seven on the Saturday morning, he went into aa o the rooms in the hoose and he kissed every person in the hoose. All o the faimily awoke wi Dicky's kisses. Then it wint through upon mi wife's bed and kissed her. Dicky then started tae whimper and mi wife kent that he wis very ill. It didnae hae the strength tae gang doon the dancers so mi wife cairried him tae his wee placie behind the scullery. Then he broke up and the smell wis terrible tae behold. He never moved frae that spot and everybody in the hoose wis awfy upset, wi oor Dicky being sae ill. Then at two in the aifterneen, I came hame and I hid some freens wi mi. Mi wife telt me that the dog wis deid.

Whin I went ben tae see him, Dicky looked up tae me, moved his heid and gave me a very slight bark, looking at me wi loving een, and peacefully gasped his last breath. He wis waiting tae save his last breath for tae say fareweel tae me.

My wife and I wept bitterly taegither, cos wi loved that animal as much as we loved oor bairns. The folks that were in the hoose visiting wi us, must hae thought that we were being very daft, but we couldnae help it; we were baith overcome wi grief at the passing o oor dog. I wrapped him up in a blanket and got een o mi freens tae tak him in the back o a lorry, and we took him past the streets that he loved tae play in and the places whar he grew up. Then my freen and I took him oot tae the auld road o Lumphanan and we hid permission frae Maggie MacGregor tae bury him ontae een o her fields beside an auld hoose. We buried him like an auld chieftain: I buried him alang wi his blanket and his plates and pit a cloch stane upon his grave and gave a wee prayer for him; I hoped that in the resurrection whin aa things are restored, that we wid get Dicky back again tae be wi us.

dancers/*stairs* placie/*place* cloch/*boulder*

Aboot a month later, I wis back from mi work and I wis gang up the stair, whin I saw a dog standing at the top landing and I shouted ''Brutus, wha let ye oot o yer cupboard?''
Noo Brutus wis the next dog we bought and he wis very much like Dicky in colour and wis never let oot o his cupboard until mi wife got up. Whin I climbed upstairs tae get him tae pit him back intae his cupboard I realized it wis Dicky's ghost, for whin I reached oot tae touch him he wisnae there.

Then a few weeks later, I wis taking an aifterneen rest cos I wis very tired, whin as I wis sleeping, I felt Brutus coming intae mi room and jump on top o mi bed. I kind o wrestled wi him tae get him aff mi, cos I wis still drowsy. He played wi me for aboot twa minutes then he run oot. Whin I came doonstairs, I telt mi wife that Brutus newly hid came on top o mi bed and I hid wrestled wi him, but mi wife telt mi that it couldnae hae bin Brutus, cos he hid bin oot aa o the aifterneen wi Anthony and that he wis awa for over twa hours, roaming the countryside. It wis of course Dicky's ghost again. Many times I awaken through the night and I can hear him still, snoring under the bed. He is nae fearsome, cos he widnae dae naething tae hurt ony o us cos he loved us aa.

Twa or three times a year I visit the grave o Dicky and I always caw tae him frae the side o the auld road and I always feel his presence, as I walk doon the auld road o Lumphanan. Yes, I dae believe intae a life aifter death and I believe that wi will nae only see oor relatives, but I personally think that we will get back also the animals that we hid as pets and the creatures that we loved and hid the privilege o haeing them bring sae much joy intae were lives—they shall come back again!

''A juckel is aye faithful and will never let ye doon if yer guid tae them whin ye hae them—so if ye wid find them again intae anither time, dinnae bad use even een o them.''

dinnae bad use even een/*do not ill treat any one*

"As this is oor Mystical wye I hae stopped the Vardo here near Kemnay tae let unfold the maist strangest tale that ye are ever likely tae hear—so deek closely oot o the windaes as Stanley tells ye this tale."

SPIRIT MIX UP

This is a strange story that is claimed tae be true. It wis handed doon frae some o the auld traivellers, wha said that they kent the fella involved in this strange riddle and that whit ye are gang tae hear really did occur.

Toby wis a young traiveller gadie, aboot twenty years o age and he coorted a traiveller lassie cawed Sheena. They were very much in love and were engaged tae be mairried. He hid a guid wye o daeing and he wis saving by weel for his forthcoming mairriage; they hid saved by aboot thirty pounds and in the thirties that wis considered a fine start. Toby wis intae the process o buying an auld cottage hoosie for twa hundred pounds, ootside o Aboyne and the fella wis working in amongst scrap metals, woolens and onything else that could bring in some lowdy. Sheena hawked the canes and gaed aa o her lowdy tae her nesmore tae pit by for her. So the young couple were working well taegither tae save by for their future.

Aye day, Toby got a great load o auld scrap frae a big fairm and he hid tae work aa day tae load up his lorry. He hid a great muckle lorry and it could hud an awfy lot o scrap. There were auld binders, harrows, tanks, and every kind o thing ye could think o. The fairmer hid modernised his equipment and aa the auld things o the past were pit awa; there were aa kind o ancient farm relics lying everywhere and the guid thing wis that Toby wis getting the chatry very cheap, for the fairmer wanted rid o it aa, so that he could get his fairm intae better shape. It wis a pure klondyke for Toby. Wi the lowdy he wid mak aff o the scrap, he wid be able tae pit a guid amount doon ontae his hoose, so he wis very happy wi himsel. He hid worked aa that day, braking up metals and loading the lorry. The work wis hard but he worked like a trojan and aifter he hid loaded his lorry, he secured the load. There wis still an awfy amount o stuff left in the fairm, but Toby wis gan tae come back next day tae collect the rest. He worked alane cos he didnae want tae tell ony o the ither traivellers, cos they might try tae blue him. It wis very hard times in the thirties, so it wis every man jack for himsel. The scrap wis a maist competitive game and there were many intae it.

Whin the lorry wis loaded up, he wint intae the cab and drove aff doon the winding road frae the fairm. It wis a very dreich kind o evening, aa o the roads were muddy and only the main roads were decent kind, but aa the auld back roads were in a very bad condition. The lorry wis a hard yin tae drive and it hid very powerful steering. Ye hid tae double clutch aa the time and ye needed aa yer strength tae turn the steering wheel. It snorted and made aa different sorts o sounds. There were a puckly things wrang wi the lorry, but Toby aye managed tae fix them as best he could. Weel, at last he got ontae the main Aiberdeen road beside Kemnay and at least the road wid be better frae noo on. Weel wid ye believe it . The lorry started tae stall and then it spluttered oot some oil; and the next thing that happened wis that the lorry came tae a halt. Toby wis right mad. He kicked at it and he cursed and swore. He thought that if he could make it intae Aiberdeen, he could get Sheena's brither Davy tae come oot and gie him a tow intae the scrappie. He needed the lowdy, so that he could pay a guid bittie o his hoose before he got hitched tae Sheena.

He left the lorry standing there and walked towards the city. He wis hoping tae maybe cadge a lift frae ony o the passing motorists gan intae Aiberdeen. As he traivelled alang the lonely road, he thumbed doon a private car that wis gang intae the direction o the city; it stopped and a young, nice-looking woman wis driving the car. Toby asked her for a lift and she kindly opened the door and he wint inside. She seemed like a very nice person; she telt him her name wis Aileen and that she wis at the college in Aiberdeen studying medicine, she hid only anither year tae dae and then she wid be qualified. Like Toby, she wis also gan tae get mairried soon. And so the twa young folks spoke for aboot twenty minutes taegither as they drived alang the road.

The weather wis bad and a rainstorm wis coming doon like naething on earth, ye could say that it wis a waterspout. As the lassie turned her car intae the main Aiberdeen tae Inverurie road, she didnae notice a big cattle truck coming fair tae her side. There wis a great crash. Toby felt a sharp pain in his back and then he felt himsel whirling through space and intae a void o darkness. He could hear folks speaking and folks roon aboot him, but his mind seemed tae be trapped somewhere intae this darkness. Then he fell intae a coma and the next thing he remembered wis being intae the hospital intae Aiberdeen.

He wis aa bandaged up and his een were covered up as weel. His accident hid caused a lot o damage, for he wis temporarily blind, his leg wis broken and he hid hurted his back; aa o his body wis sair and he suffered frae nervous shock as weel. He wis in a wee roomie by himsel until he wis strong enough tae be shifted tae a bigger ward.

Then came the day whin his een were uncovered and something wis very wrang. He didnae ken whit it wis until een o the nurses teen him ben tae the big ward. It wis a woman's ward. He wis pit ben inside the womens ward and ontae a bed next tae a doze o manishees. Toby thought tae himsel, "the men's ward must be filled up". As he lay ontae this bed a woman came up tae him and said, "are ye aright dear"? Whit did she mean by addressing him as "dear"? He deeked doon tae see whit kind o pyjamas he wis wearing and tae the shock o his life he hid on a lassie's nightgoon. He started tae panic and he got very excited wi himsel and the nurse come ben tae see whit wis wrang wi him.
"Whit am I daeing intae a woman's claes?" he screamed.
"There's naething wrang wi yer nightgoon," replied the nurse.
"Only that its a woman's nightgoon," he said.
"Weel whit dae ye expect—ye are a woman."
"No I'm nae, can ye no see that I am a man!" he screamed.
He wis given an injection tae calm him doon and so he fell asleep. Whin he awoke he wis glad tae know that it wis jist a dream. Then tae his horror, he still hid on a woman's goon… whit wis gan on? Wis he gang killiekrankie? He felt too weak tae dae onything. As the time wint by he jist accepted that he hid bin in an accident and that he wis suffering frae shock and pure imagination.

But then a mair terrible shock came tae him. A handsome young man came in tae see him and as far as this man wis concerned, Toby wis his girlfriend—Aileen! He realized he spoke wi a lassie's voice and so he asked for a mirror, whin he got the mirror he deeked that it wis no his reflection that wis revealed—but the lassie wha he got a lift frae!

Then her parents came in tae the hospital tae see her, yet for aa that hid happened, he only kent aboot Toby. He loved Sheena and wis saving by tae get mairried tae her. He didnae ken ony o this folks wha claimed tae be Aileen's friends and so it wis a terrible ordeal. That lassie wis a training doctor, he wis a traiveller fella wha kent aa o his ain folks. Aileen's parents kent that their daughter wis suffering frae a mental illness, so they hid the lassie committed for a while intae a private sanitorium. Whit they didnae ken, wis that it wis Toby wha wis inside the lassie's body…

Noo Toby realized that if he wanted tae get oot, he wid hae tae
start adjusting himsel tae this new identity, so he started tae
respond until he felt it wis time. He wint wi them and
pretended tae be her and jist that she hid lost her memory. But
whar wis his body? If he wis somewye mixed up, then surely
she wis mixed up as weel somewhere.

So een day, aifter she wis released frae the sanitorium she wint
tae see Sheena, wha bade intae Aiberdeen sometimes. Whin
she met Sheena she said, "I am the lady wha wis in the
accident wi yer fiancee Toby. Could you tell me whar he is and
how he is coping since the accident?" Sheena looked at her wi
tears in her een:
"Toby is in the Trinity Cemetry. That is whar he is. He wis
killed intae that awful crash."

This wis far too much for Toby tae tak. He then telt her that he
wisnae deid and that it wis the lassie that died. He telt her only
private things that were between them twa and Sheena wis
terrified. She ran awa frae him cos she felt something very evil
or cruel wis gan on. So then he wint tae his ain auld mither wha
wis flabbergasted by the knowledge this girl hid o her
laddie—whit wis her motive, coming intae their lives and
causing trouble, were they being blackmailed or something?
Sheena wint tae see Aileen's people, wha hid her committed
again; this time she hid tae stay for over a year until she
accepted who she really wis. But Toby knew who he wis and
kent he wisnae Aileen. He hid only spoken wi her for the brief
space o twenty minutes, so how could he ken onything aboot
her, while he kent everything aboot Toby: he kent his birthday,
friends, hobbies, weaknesses and every wee detail aboot him.

The psychiatrist that treated her, believed that she wis suffering frae some kind o assumed identity and that it wid wear aff one day and she wid return tae her normal self. Toby played awa wi the doctor sae that he wid get oot o the hospital. Weel one day she did get oot, so she wint right oot tae the country and camped oot, nae far frae whar her folks were camped (weel it wis Toby's folks!) Sometimes he wid gan back tae the lassie's mither's hoose tae bide, cos it meant that she wis kept oot o the asylum, and there were ither times whin she wid bide nae far frae Toby's hantel. Toby noo wis getting very confused. Everybody jist thought that the lassie wis suffering frae a strange malady, that made her think she wis a man. Doctors pit it doon tae her feeling guilty and responsible for Toby's death. Yet he kent that he wisnae deid; only it wis very hard for him tae accept this body o a woman. He didnae ken naething aboot medicine, he only kent aboot lorries and scrap, how tae pitch a tent, or make a living oot o things.

Yet, whit wis he? Wis he a woman possessed wi a man's mind, or wis she a man possessing a woman's body? Noo there wis een auld woman that could help him. It wis his great grandmither Packy Kate.

She wis een o the wise yins and there wisnae muckle she didnae ken aboot. She hid the gift o discernment. Naebody could pull the wool ower her een. She wis his godmither and she kent everything aboot him. Her vardo wis tethered up intae a camping site awa up at the fit o the Cabbrich, nae that far frae Rhynie. So aff Toby wint tae hae a meeting wi the auld culloch; as he wint oot tae see her, abody thought that it wis jist a toff woman oot tae get her fortune read. The auld woman took her intae the vardo.

muckle/*much*   vardo/*living wagon*   toff/*well-off*

The vardo door wis closed and Toby poored oot his heart tae the auld wise yin. She listened very carefully and understandingly. Toby done aa the manging. The auld wife said that she wis at Toby's funeral and yet she felt that he wisnae really awa. She believed intae the next life and so she questioned Toby on her ain life and found oot that the lassie kent naething aboot hersel, except they things that she hid bin taught aboot hersel. As for Toby, she kent every detail aboot him: aa o his hantel and the very private and special things aboot him, she even shared things wi the auld woman that he kent she only knew. It wis a very tearful and emotional time for the twa o them. Auld Packy Kate then spoke and she gave her verdict.

"Weel, I believe ye are Toby, but noo ye hae the different identity o this lassie Aileen. Whin ye were taegither intae the crash ye should baith hae bin killed, but an ither accident took place.
Whin yer spirits were cawed awa, een o ye wis strang enough tae get back yer ain life again. It wis ye Toby, wha came back tae life, but a mix up happened and yer spirit came intae the wrang body. Aileen wis teen awa but ye were left. That wis the ither accident. Yer body is buried but yer spirit is noo rehoused intae anither body.
I ken this is a very strange thing tae happen, but ye noo have tae mak up yer mind as tae which personality ye want tae be. Ye can either be Toby wi a woman's body, or ye can be Aileen wi a man's personality. Ye can if ye want, try tae be Aileen, cos she does hae a life and friends and many guid opportunities. Ye must mak the decision yersel, cos it is ye wha will hae tae be the person."

She asked the auld woman if she could stay wi her for a whilie, so that she could start tae adjust hersel. Then, een day she telt the auld woman that she felt much closer tae the lassie than she did before and she felt that Toby wisnae much intae her. The auld woman says:

"The folks ontae the ither side ken that there's a mistake made and eventually they will sort it oot! They ken its very hard for ye and its very hard for Aileen intae the ither side, cos she is nae really deid and her life is still tae be finished yet. Ye on the ither hand hiv been teen awa by right and ye will only be happy ontae the ither side cos ye hiv tae progress intae the next sphere o life beyond. I think the accident is noo being recognised and Aileen's spirit is getting tae keep ye company sometimes and ye Toby, need tae be preparing yersel. Everybody his accepted that ye have died and yer folk are noo weel resolved wi it. Sheena has come tae terms that ye are gone and sae hae I. Sheena is noo gan aboot wi Whicker's Tammock and she is trying tae mak a new life for hersel withoot ye. The time is coming soon whin ye will be taken awa and Aileen restored!"

Toby thanked his grandmither for her wonderful council. She bade for a few weeks yet wi the auld woman, until een day Aileen returned. She knew that the auld woman hid helped her, and the auld culloch shared her experiences wi her and aboot the conversations they hid taegither. Aileen kent that Toby wis noo happy intae the ither place. She wisnae happy there, cos her spirit wisnae really awa. It wis a strange mix up o spirits.

Aileen resumed her studies in medicine and she began tae forget aa the memories o Toby. A time came whin she reconciled wi aa o her ain hantel and she mairried the fella wha she wis coorting. Everybody jist believed that Aileen recovered frae the mental illness that she wis suffering from, and that the guilt complex wis ower. She became a successful doctor and mither.

Toby wis happy whar he wis cos he wis intae the right place. Only auld Packy Kate kent the truth o the strange spirit mix-up. She said that in an accident whar mair than een person is hurt, sometimes mistakes are made and the wrang een is teen awa. These mistakes are aye rectified though, whinever they are found oot.

teen awa/*taken away* yersel/*yourself* culloch/*old woman* whar mair/*where more*

"Believe me whin I tell ye that there are indeed queerer things intae heaven and earth than ye can ever imagine!"

"This next stop is anither een tae dae wi animals, for traivellers were aye fond o their animals and some hantel could dae wi haeing a bittie mair o this horse sense that Stan's gan tae tell ye aboot noo."

HORSE SENSE

Mi faither hid the bonniest pownie that ye ever did see. In fact it wis a chestnut mare and a better beast ye couldnae get, she wis weel natured and a braw worker. Aa the bairns loved her, we cawed her *mi nut brown maiden* and sometimes we wid sing tae her the song "Ho ro mi nut brown maiden". Mi faither bought her frae a fairmer nae far oot o Lumsden for five pounds and it wis een o the finest shelties he ever owned. Whit mi faither didnae ken, nor neither did the fairmer, wis the mare wis wi foal.

Eence or twice mi faither thought the beast wis seek or hid a malady o some kind, but as the time wint by it wis very obvious tae see the sheltie wis wi foal. Weel, mi faither didnae work her aifter he found oot that the mare wis pregnant, instead he bought anither wee horsie that wis an awfy bad-tempered beast and took its lazy days. The auld man didnae care much for that beast but he did nae bad-use it or onything, for he wis aye very guid tae his beasts.

Mi Nut Brown Maiden hid a bonnie wee horse foal, and though its mither wis chestnut broon, the wee foal wis as black as the ace o spades, wi a smaa roon white ring behind een o its lugs. Some o the auld traivellers said that it wis a froosh, which meant that it wis a horse wi an awfy lot o horse sense. This wee froosh wi its strange markings, wis tae prove that it really did hae a lot o horse sense. Mi faither grew very attached tae the foal and its mither. He jist kept it cos he liked it and he didnae

bittie mair/*bit more*   gan/*going*   pownie/*pony*   cawed/*called*   sheltie/*horse*   bad-use/*ill treat*
smaa/*small*

hae the heart tae pairt wi ony o them. The ither wee, unca guffie o a horse wis used for tae pull the float and he widnae mak freens wi onybody; yet it wis weel enough behaved intae the field wi the rest o the traivellers horses. The place whar we were biding wisnae far frae Dinnet and it wis a fine place for the traivellers, cos naebody came near them or tried tae cause trouble wi them. It wis a very tranquil spot and the folks aa liked biding there.

The mare and the wee foal were aye kept awa up, intae a field far awa frae the ither horses. Da used tae gang up every evening and he wid tak a horse comb and brush, and a wee suppie o special oil that he kept especially for grooming his horses for he wis very proud o them and mi faither wis a braw horseman and kent everything there wis tae ken aboot the animals. He wid tak great pride in grooming the mare, cos whin she wis groomed she shone like the evening on a fine simmer's night. And as this horse wis his very favourite, it wis natural that her wee foal wid be loved as weel. As young as it wis, he aye washed and cleaned it doon. Even the unca wee horse got groomed but it never liked getting tidied up, it wis a pure scruffie raggie muffin and it aye liked tae be in a mess.

The mare and the foal fair loved mi faither and they wid nestle up tae him and make aa kind o gestures o love. As the wee foal grew up a bit, it aye followed mi faither and it used tae come intae the camp and deek for sugar lumps frae the bairns. It wis a very fly wee sheltie and it wis truly a froosh.
Ye wid think that it wis a body ye were manging tae, cos it wid deek fair intae yer een whin ye spoke tae it, and looked as if it wis gang tae answer ye back. It also took a very great liking tae mi mither and whin mi faither wisnae there, it used tae come doon tae the camp and bide wi mi nesmore and she wid speak tae it as if it were a friend. It liked whin she sang tae it and its very favourite song wis "the red roses". Some o the auld traivellers said that because o the white ring behind its right lug, this wee foal wis tae hae magical elements aboot it. Whin

ither/*other*   unca guffie/*illnatured pig*   wee suppie/*a little*   simmer's/*summer's*   deek/*look*   fly/*clever*

they wid tell stories tae the kenchins at night, they used tae aye tell beautiful tales o a magical black horse, wi a white ring ontae its body and they wid say "jist like Midnight". Aye, wi aye cawed it Midnight. The horse intae the tales, wis aye the wise beast and it wid rescue the maiden frae the evil that attacked her or held her captive.

Traivellers used tae say that if ye look at the new moon aifter midnight, and that ye ride upon a horse's back withoot a saddle, then deek through between its lugs at the moon, and ye will see the Devil riding the skies! I dinnae ken if that is true, cos I for een never tried it. Yet they aa said that it wid never work wi Midnight, cos it wis a magical horse for guid and that it could warn ye if something wis wrang, or if there wis a danger in the area.

Aye day mi mither wis alang wi some ither traiveller women intae the campsite, whin the wee foal came up tae her and started jumping up and doon ontae the road, and right awa mi mither kent that something wis wrang. She followed the wee horse doon the road aboot half a mile and she found een o the bairns hid broke his leg, by faaing aff a tree. The bairn hid bin lying there for an hour, and the wee horse came up tae tell her. It aye kent whin something wis wrang.
Anither time, een o the women wis gan tae gang hame tae Aiberdeen, she wis gan tae walk alang the lonely road tae catch the bus intae the village o Dinnet. Jist afore she wint tae gang awa, the wee foal came doon tae mi mither and it started gan mad again, it aye wint up tae the woman wha wis gan awa and then back tae pull at mi mither's apron. Weel mi mither said tae Jean, "dinnae gang doon the road yet, wait a wee minute and een o the menfolk will escort ye half wye doon the road." Wid ye believe it? A madcap maniac hid escaped frae an asylum and wis loose; he wis found upon the moors o Dinnet and if Jean hid walked her leaf alane, she might hae bin mooligrabbed before he wis captured. That wis anither warning.

---

kenchins/*children*   leaf alane/*by herself*   mooligrabbed/*murdered*

But the maist vivid thing I remind aboot that foal, wis the time whin aa o the folks were gaithered roon the campfire; they were aa telling stories aboot different odds and ends, whin Midnight came frantically doon tae mi mither and really pulled very hard ontae her peenie and then leaving her, tae gang tae mi faither. Da wisnae in the best o moods that night, he hid a splitting headache, but again the wee frantic horse pulled at mi mither's peenie, and then ower tae mi faither, wha wisnae really being bothered wi it, for he thought that it wis jist intae a capery mood. Then it picked up an auld rope intae its mooth and mi mither said tae mi faither, "something is gey wrang Wullie!"

peenie/*apron* gey/*very*

Mi faither got up frae the fire and he and a pucklie ither menfolk wint up tae the field, tae see if onything wis wrang. Whin they got tae the field the mare wisnae there. Whar could it hae got tae? Weel the wee foal started making tracks alang a dirt track and the menfolk followed it.

Wid ye believe yer een, the bonnie chestnut mare wis trapped deep intae a dangerous waalee. It wis a very deep bog and mi faither hid warned aa the bairns nae tae gang near aboot it, or he wid leather us like a cuddy, so neen o the kenchins wint near the waalee. Mi Nut Broon Maiden wis up tae her neck intae the bog and she wis sinking fast and everytime she struggled she sunk further intae the bog.

Da run like the wind tae the nearest fairm and he asked if they hid a powerful rope or chain for tae pull the mare oot o the dangerous bog. The fairm fellas came as weel as they wanted tae help. Mi faither kent it wis too dangerous for folks tae gan intae the waalee, so he tied the rope roon himsel and he wint intae the bog. Being a traiveller and also an ex-sodjer he kent how tae gan across a bog withoot drooning; he kind o lay on top o the bog wi branches underneath himsel and then he crawled ower tae the struggling animal. He first stroked the beast tae calm it doon and tae reassure her that he wis taking her oot. The rope couldnae be fixed tae the neck in case ye might strangle and choke the mare tae death. The rope hid tae be fixed aroon its belly. It wis a very difficult task cos mi faither could be drowned himsel in the effort tae free the horse. Very quietly he managed tae secure a rope aroon the belly o the mare. Then he came oot o the waalee and then aa the men managed tae pull the mare oot o the bog. The wee foal wis sae happy that it came up and kissed mi faither twa or three times tae show its gratitude for savin its mither's life.

waalee/*bog* leather/*beat* cuddy/*horse*

The mare and the foal were aye settled aa o the winter intae a guid fairm, that mi faither kent weel. The folks were fine hantel and they kept the beasts for hardly naething.

However, Da eventually selt them twa taegither tae an American gadgie wha hid a breeding stud for horses. Mi faither hid made sure that the twa o his beasts were guid treated, and indeed this American fair adored them. So ye see the twa beasts were kept taegither and many a time mi faither wint in by tae see them. Nae maitter wha lang it wis between his visits, baith the mare and foal aye were excited tae see him.

Mi mither aye did say that these twa beasts hid mair sense between them, than half o the humans she kent, for the animals baith hid a guid share o horse sense.

baith/*both*

"Show love tae ony crature and it will love ye back in return."

"Wi hae stopped twice afore tae see Dundonald, yet this time ye will see how he his developed his gift and come tae recognize wisdom in his strange experiences."

ASTRAL TRAVEL

Dundonald wis nae lang married whin he hid his first really true experience o astral travelling. It wis a very traumatic experience tae him and since this happening he very often hid ither eens.

Each experience hid a different purpose and each o them hid some new principle in spirituality, so intae this story he is but telling his very first *oot o body* experience on the astral planes.

He wis gan through a very difficult time and wis trying hard tae mak ends meet. Joan wis expecting their first kenchin then and Dundonald wis a diabetic, though he wisnae a diagnosed yin then, but he wis quite unweel at the time. Joan wis awa visiting a seek relative and the hoose wis empty but for himsel, and he decided tae tak an aifterneen rest upon his bed. It wis a fine spring aifterneen and he lay on top o his bed intae a deep slum and he says this experience started aff as a dream; then it became sae vivid that he kent a new dimension in spirituality wis taking place.

The dream started aff wi Dundonald being ontae a large ship which wis jist gan oot o the harbour in Aiberdeen. Noo he hid never bin ontae a ship in his life afore and Dundonald found the start o the trip very pleasant. He couldnae see himsel intae the dream, but he could see everything else and he could feel jist as if his hale body wis there. The ship traivelled through the harbour gracefully and as it cam past the horseshoe bar it started tae gaither speed. Dundonald stood fair at the very front part o the ship and he liked the sensation o motion the ship hid, for the feeling wis exciting, like being ontae a carnival roundabout. But then as the ship progressed ontae the main breakwater bar it really got very rough and the waves o the sea were coming and hitting the bow o the ship and the spume wis flying aa ower the sides. He then felt a strange tight feeling inside—it seemed tae pull him and he hid very mixed feelings noo. The sensation wis becoming frightening and he grabbed ontae the front pairt o the boat, whit wis noo takin very high loops—it wint awa up in the air and then awa doon intae the sea; the movements were getting very unpleasant and he wis becoming nauseated. Then the ship took a very deep, low dive and Dundonald felt as if he wis gan tae gang intae the depths o the sea; but instead it took a mightyful sweep upwards—the power o this ship wis overbearing—and as it took this powerful heave he felt that he wis being thrown aff, he wis being thrown intae the air wi sic force that he wis suddenly projected—right up intae the heavens! The speed wis as the speed o light and he could see the Earth leaving him wi great unearthly speed while he continued right up intae the Heavens.

Dundonald hid never hid sic a muckle experience afore (o yes, he hid many strange and wonderful experiences afore) but never yin wi sic power and might. The speed filled his spirit wi a very exhilarating feeling mingled wi a bit o awe and fear, for as this wis the first time wi this particular thing, he wis a bit afraid; still he knew in his heart that it wis for a guid purpose and that there wis a special significance aboot it. So he relaxed and jist let the experience tak him, as he kent he couldnae fight

yin/*one*   sic/*such*

it and this wisnae a dream but something o a deeper nature. Auld Maisie Morloch's words o wisdom cam intae his mind: "ye will tak funny turns an ye winnae understand them, but dinnae worry laddie, a day will come, whin aa that is hidden frae ye noo will be revealed!"

Weel, the speed continued and so did the climb; until Dundonald reached the first stage o his journey, whin he suddenly stopped.

He wis noo intae a beautiful starlit galaxy and before him wis hugh tubular pipes that wint on and on as if for ever... inside these pipes were brilliant fluorescent lights (sae bright ye couldnae deek intae them for long) and there were millions o them and they jist wint on forever. Dundonald looked at them and he could touch them, for they were very real tae touch; yet he touched them wi his spirit, for he wis oot o body though it wis exactly as if he hid a body—he could feel and hid passions and his mind wis very alert tae everything that wis gan on aboot him.

Dundonald wanted tae ken whit these tubes wi the great lights inside them were, but there wis naebody there tae speak tae intae this first stop. Then, as if a great power cam upon him, a voice answered his question:
"These are the prayer tubes! They are as uncountable as the stars in the skies, for there is een for every person tae use, and every time a prayer is given, it is transmitted along these tubes and answered, in the reverse order. There is not a person on earth that cannot use these prayer tubes, for every prayer is received and answered, though sometimes the answer is not heeded, yet the answer is there for all and the tubes are there for prayers."
Dundonald stood motionless in space and wondered in awe at whit he hid seen and heard.

Then the force o speed came upon him again; the journey continued once more and he shot forth, awa intae the higher pairt o the timeless galaxies... this time the speed wis mair powerful than before, the journey wis so far awa frae his hoose in Aiberdeen, that he thought on how he wis gan tae get back again, the thought even crossed his mind wid he ever get back again!

The second pairt o the journey stopped at a pairt o the Heavens whar the stars were very bright... he felt very refreshed this time. A large vehicle came alang and it wis like a submarine, but only very large and wide and made o a light gray-coloured metal, wi sae many windaes ontae it that maistly it deeked like glass. It stopped, the jigger opened and Dundonald walked intae it. It wis immaculately spotless inside, wi many folks

working intae it, wha aa were dressed in white suits—very clean and sweet-faced people. Each een hid a separate role tae dae and they were aa actively engaged in work o some kind: some were employed in the steering and guiding o the machine and ithers were engaged ontae various machines. Though the light inside wis bright there wis nae sign o bulbs or lights, jist everything wis very bright… none o the people really spoke tae Dundonald, yet he felt as if he were a passenger gan for the ride… this craft hid hardly any motion at aa inside, yet as ye looked at aa the stars and planets from it ye kent that it wis gang past very fast ootside. Dundonald thought that this wis tae be the vehicle that wid tak him hame tae earth and as he deeked in amazement at the lovely scenes, he could see the hale planet Earth in aa its beauty shining and he knew that he wis homeward bound an felt happy.

The craft did come tae Earth and from the vehicle ye could see aa the beautiful places an the sight wis great tae behold. Dundonald thought that it wid stop at Aiberdeen and let him aff, but this wis not tae be so.

The vehicle kept moving alang and he wis getting fretted cos it wisnae stopping tae let him aff (Dundonald hid hud a great an marvellous journey but noo he wis needing hame tae his wife), but still this craft kept up its speed… he could feel the speed noo and yet see everything on Earth at will. The vehicle then came very close tae the earth right on top o a bonnie field o many flooers. As he deeked doon tae the field Dundonald could see many children playing underneath the craft, they seemed happy and oblivious tae this craft above their heids.

But he also saw a large, fierce horde o wild horsemen, like bandits, and they were wielding swords and weapons o war in their hands… they were charging towards the little children intae the field! The children looked sae happy, playing unaware o the danger that they were in! Dundonald screamed oot o him and tried tae get the children tae tak cover, but the children, some far too young tae understand, kept on playing… Then tae

gang/*going*   fretted/*frightened*   hid hud/*had had*   hame/*home*   flooers/*flowers*

his horror, the horsemen cam upon the children and they started tae slay and kill them. The scene wis gory and dreadful.

Dundonald could only look at the children being murdered an slaughtered. He broke down and wept, maist bitterly, yet the people in the craft never blinked an eyelid; they seemed tae tak this slaughter as if it were naething! The bodies o the little children lay strewn aboot, like dead leaves aff an autumn tree in a storm, and there wis blood everywhere. O, the scene wis sae dreadful that he felt as if he wis gan tae vomit, for though he didnae hae a body still he felt all the emotions in his spirit and so Dundonald stormed at the people in the craft:
"Hae ye folk neither pity nor feelings?"
Nobody looked in the least bit disturbed, but they aa sort o smiled at each ither.

Then, whin aa o the horsemen bung avree, the craft landed right doon tae the earth. The little children woke up and the workers opened up the windaes aa ower the craft and gaithered aa the little eens in. Not a child wis left. The children looked as bright as rain—wi not a spot o blood or a wound upon their persons—they were happy and women from the craft took them awa tae tend tae them. They were aa happy tae be ontae the craft and Dundonald wis mesmerized by aa o the strange activities that were gan on inside this craft! The windaes were then fastened tight and awa the craft wint— again on intae the Heavens.

Een o the workers cam tae Dundonald:
"These craft are the windaes o Heaven. There is no an event that taks place ontae Earth, but we don't know o it… these little children are the victims o war, and though it seems dreadful tae ye folk on Earth, we dae ken everything that gangs on, for aa o the children are in oor keeping, not only the children, but aa o mankind."
He wis very relieved at whit happened and so he kent that the Higher Power wis in complete control.

Eence mair, Dundonald wint awa ontae this journey and then, whin the craft wis really far awa they pit him aff on his ain tae continue ontae the last pairt o his journey. This time, as he sped up intae the higher pairts o the Heavens, where there wis even mair great sights tae see, Dundonald gaed wi sic speed that he thought he wouldnae come ever back again tae Earth. This wis jist as far as he wis gan tae get though, for he hid reached the very final pairt o his journey and afore him wis the Silver Curtains… These marked as far as Dundonald could be

permitted tae gang (tae gang intae the Curtains—he wid never return). Noo some folks say that a fine cord, like an umbilical cord, attaches yer spirit tae yer body; and though the cord is very elastic and can reach tae realms far beyond oor wildest dreams, there is a limitation upon the cord and the Silver Curtains is as far as it can stretch. Beyond that, the cord breaks (an aa o the great secrets o life are contained beyond!) So if ye reach as far as the Silver Curtains then ye are very near aa these secrets.

But ye are very strained then. Your spirit is numbed because o the great strain placed upon the cord and so Dundonald felt completely shattered and hid tae lie in space motionless, with only his many thoughts gan in his mind. Whilst ye are in this state yer thoughts must be pure and clean, for there is no room for unrighteous thoughts as everything must be unadulterated. The secret reason for this is that your pure thoughts become reality on Earth, so whit ye think there will come tae pass upon Earth. Good thoughts must prevail then in yer mind and good things will happen tae ithers below. This wis whispered intae Dundonald's mind as he lay motionless and completely drained wi this very wonderful and marvellous experience and he kent it wis true, because for some reason, he wis chosen tae deek these very special things and tae receive wonderful experiences that wid bless the lives o ither people.

So he lay motionless in space for ages and kept his thoughts very pure, until the time wis come for it tae end. Dundonald then wondered whit kind o a trip he wis gan tae get gang hame, and wid it be sae traumatic and sometimes frightening and the speed be as fast as coming here? He kent he wis as far awa frae the Earth as ye can get and wis well aware noo o the purpose o this experience, and so as he lay thinking on the journey back, he wis preparing himsel for the great speed tae fall upon him.

Tae his surprise a gentle tug pulled Dundonald and he stood in front o the ship—ontae a very calm and lakelike sea and he wis completely refreshed. He kent that he wis hame an that aa he needed tae dae wis but tae awaken himsel from his sleep. He thought upon it and it worked: Dundonald wis lying upon his bed and wis completely relaxed, for the journey hid bin a tonic for his body and spirit.

Noo the journey back is always easier, cos there must be nae strain pit upon the cord, so the spirit is gently taken back so as not tae be damaged, and it wis a wonderful experience tae Dundonald's mind. Through the years he his aye bin helped alang the road o life, by helpers who come as ships intae the night and reveal untae Dundonald the meaning o these events in his life, and so whin a very righteous man came tae Dundonald an telt him that he knew o these strange experiences that he took, he blessed them and telt Dundonald that these experiences are very special and that he wis privileged tae hae them, but that they were nae really jist for him, but were for the helping and assisting o his fellow beings.

Dundonald wis blessed wi a great gift then, een that wis sought aifter by many scholars o the world—for he wid hae this great gift and many mair and somebody wid aye come alang to explain tae him their great significance and whit they wid be used for. Everytime he has a strange experience or dream, Dundonald kens that it is for helping and assisting his fellow beings and this is whit astral travel (he disnae hae anither name for it) is used for. Since this journey Dundonald hid many more wonderful and exhilirating experiences.

"Aabody at some time will experience some kind o unusual dream whar they think that they hae bin miles awa frae Earth; weel dinnae be feart at it, cos probably ye hiv bin oot o body and this Vardo kens these wyes weel!"

"We're noo stopped ontae Donside and as ye deek at the river, mind tae listen tae ony advice that's given tae ye, cos sometimes folks ken better than whit ye dae yersel. This lassie Coral kent fine whit she wis manging aboot but the chavie thought he kent better."

FAIRY MUSHROOMS

He wisnae really a bad lad but on the ither hand ye couldnae say that he wis guid.

Asher wis left orphaned whin he wis only fourteen and he mair or less kept himsel since that time. At the age o twenty one, he wis a fella wha didnae care if he selt onybody a broken article or a dud car. Many's the time he diddled folks in his wheeling and dealing. Folks wha kent him were aye very careful whin they bought onything frae Asher.

There wis een quine wha did hae a guid influence upon him and that wis Coral. She wis half Italian and half Scottish, but she teen the dark skin, hair and een frae her mither's side. Coral wis a very guid christian lassie wha widnae cheat or steal, or dae onything that wis nae right. The wye she earned her living wis by sewing and embroidery, for her mither hid taught her the art o the needle and thread and she could fairly mak and decorate the bonniest lace and silk-embroidered doylies and sell them roon the canes and normally she aye hid plenty o orders tae fill. Folks were very impressed by the delicate work she done, so sometimes she wid go tae the churches tae show the ladies there how tae embroider. She bade intae a very flashy vardo and she kept it spotlessly clean and naebody ever seen Coral whar she wisnae aye the picture o beauty.

Asher aye fancied Coral, but she didnae like his wye o gan aboot things and as she wis completely honest hersel, she couldnae really associate wi him, especially as abody kent him sae weel. Nevertheless he aye coorted her and she wis kind tae him and wid gie him his supper, but she aye spurned his advances. Many the time she hid preached tae him tae change his wye o daeing things, cos the wye he wis gan he wis heading for trouble and that wis the last thing she wanted. Deep doon Coral hid feelings for Asher, but she couldnae really show her innermaist feelings, for she wisnae gan tae prepare hersel for tae be hurt. Onywye, she wis aye a very close freen tae him and he liked her an awfy lot.

Een very warm simmer's evening, Asher wis camped intae a smaa wid by the Donside and it wis purely by chance that Coral wis coming by. She often used tae tak a short cut through this wid that a wee burnie used tae gan through, and that wid tak half a mile aff o her journey. She wis surprised tae see Asher camped there. The fire wis roving and he wis making his supper and whit a treat he wis haeing! It wis fine fresh trout frae the burn that he hid guddled and he hid picked some white mushrooms frae the wid. He wis pittin a few o these mushrooms intae the frying pan whin Coral says:
"Dinnae eat these mushrooms! For they are no for eating!"
"Of course they're aa right, I hae eaten mushrooms thousands o times."
"O no, these are fairy mushrooms and they will mak ye very ill."
"Dinnae be daft, these are normal mushrooms," he snorted.
"Well ye are always right, so I won't argue, but I would not eat them, and I am a better cook than ye are, but find oot for yersel."
Coral wint awa, she hid warned him o the fairy mushrooms, for surely they can poison ye.

Never mind, Asher goes ahead wi the mushrooms and he his a fine tightener o habin. His belly is fair rowin fu, he feels fine and he kens that Coral jist likes tae hear hersel speak. Later on

burnie/*stream*   guddled/*caught (with hands)*   wid/*wood*   rowin fu/*bursting*

the mushrooms begin tae tak effect. Being tired, Asher decides tae lie doon ontae his camp bed. The sleep comes upon him and he feels he is faain intae a very deep slum. Whin he wakens up it is a very dull evening and there is an awfy strange atmosphere aboot the place. Asher disnae really ken if it is night, or is it early morning; it is sae dull and dreich and there's nae sun in the sky, nor moon, tae ken whether it is morning or evening. He is a wee bittie disorientated and there's nae a watch tae tell the time, so he tries telling the time wi a stick, but he cannae even seem tae draw a shadow frae nae wye.

Being doped like, he thought that a walk in the fresh air wid dae him guid so he walked alang the burn. Somehow the air felt stagnant and a queer savour wint aboot everywhere. At first he thought that it wis maybe coming frae stinkie billies that were lying aboot, but the scunnering smell wis aa wyes. Awa in the distance he could see a big hoose, so he made his tracks toward it. It wis a big square, bleak-deeking cane wi a pucklie steps gan up tae the main jigger. He walked till he came tae this big cane and then tae his surprise, whin he deeked aroon him he saw that the road and scenery wis dramatically changed. "Whit is gan on?" he thought tae himsel. Maybe he wis poisoned by the mushrooms and he wis taking hallucinations, he wis certainly feeling sick tae the stomach. There were nae birds in the air and the sky wis very black and cloudy. It looked as if a bad storm wis drawing near, so he wint intae the big hoose for shelter frae whit he thought wis an approaching storm, but whin he came inside the cane, it wis neen better. O whit an awfy dirty wicked feeling and an evil atmosphere wis everywhere. There were some folks intae the hoose, but they looked as if they hid the woes o the warld upon their backs, or as if they were in bondage.

stinkie billies/*sweet william*   scunnering/*disgusting*

Asher couldnae bide intae the hoose, for there wis nae relief frae the inner torture that seemed tae gnaw at his soul. The hoose deeked like a shadow o darkness wi a haunting evil grasp and reeked wi some kind o force that wis totally malignant. On reaching the front jigger Asher spied a young lad aboot fourteen, sitting doon on the ootside stairs. Whit a peer pathetic figure he wis! Lang and lanky, the lad seemed tae almost be intae tears, whin Asher pit his hand ontae his shooders and tried tae cheer him up a bit. He said his name wis Ackie and that he didnae ken how he got lost intae this place, but only that it wis so. He said that he hid bin there for days and that he hid bin aa aroon the place and that there wisnae a wye oot o it. Baith the fellas walked aboot the place and whit an evil place it wis. There wis naething godly there, only a feeling o great depression and inner suffering.

Ye could only walk as far as the borders. There were deep dark holes intae the ground that seemed tae gan doon tae the bowels o the earth, so ye hid tae watch that ye didnae faa in. Ahint the hoose ye could walk as far as the tall trees, but ye couldnae enter intae the wid, cos there were big hugh fierce beasts like giant mastiffs, but wi lang fangs sticking oot from in front o their mooths. They widnae let ye near the wids, which deeked like an escape route. Tae the left o the hoose there wis a high castle waa, and beyond that wis a deep chasm which seemed tae gang intae the void and it wis aa very fearsome, looking doon intae this gruesome cluech.

Then tae the right hand side, there wis the only bit o comfort. Ower intae the distance ye could see the bonniest gateway and it wis tied up wi a gold chain and lock, but ahint the gate wis a beautiful rainbow arch and through the rainbow arch ye could see the light o God, where the skies were blue and the fields green. There were forests and clear rivers whar animals sae bonnie roamed and there wis peace and contentment.

shooders/*shoulders* ahint/*behind* cluech/*void*

"Ye see, we are here cos we didnae live very guid while we were ontae the earth," said the young lad tae Asher.

"Dae ye mean tae say that we are deid?" says Asher.

"Yes, we are intae Hell and we cannae get oot o it. There's nae escaping either for ony o the twa o us."

"But ye are jist a boy! surely ye widnae be here in Hell. I wis a selfish fella and so I might deserve whit I get, but surely are ye nae a bairn?" says Asher.

"But I wis a selfish laddie as weel. I widnae help onybody either."

Asher deeks at the gateway and he walks up the wye tae it, alang wi the young laddie. He looks through tae whit could hae bin his. If only he hidnae bin sae selfish he widnae be here intae Hell. Then he thought upon Coral and her kindly wye o daeing things and he minded too how she aye telt him tae pray at times whin he felt that the world wis against him.

He taks the laddie by the hand and he says:
"That's it! We must pray for deliverance frae this tormented place."
The twa gang doon on their knees and they pray for the Lord tae help them oot o this despairing place. They prayed for a lang time, fervently pleading for help.

Awa intae the distance sweet music could be heard and it wis getting louder and louder. Then a horde o sodjers on horseback, like auld fashioned crusaders wearing silvery white armour came right up tae the gateway. They crashed right through the gate and broke the lock and chain that held them bound. Nae beasts came near tae attack them and they brought a ray o sunlight intae this terrible place.
Asher, with tears in his een says tae een o them:
"Wha are ye lads?" Een o them answered:
"We are the soldiers o the Lord and we are summoned because you hae bin praying for release from this place."
Asher and the young lad were sae glad that they were jist dancing wi glee...

Then, in a second he wis back intae his camp bed.

Noo wis it jist a dream? Or wis it the effects o the fairy mushrooms? Asher didnae ever try the mushrooms again, indeed he never ever ate mushrooms again aifter that experience. He completely changed his life style; he mairried Coral and he wis a guid and faithful provider. Never again wis he known tae deliberately cheat or con onyeen.

Strangely, een day aboot a year later he met the same fourteen year old lad that wis in the experience. They baith looked surprised. Baith o them hid the exact same experience at the same time and they baith hid eaten fairy mushrooms. They also became guid freens and they often manged aboot the time whin the fairy mushrooms took them baith upon a trip tae Hell—and back!

"Dinnae be sic a balmstick tae tak queer habin or herbs intae yer body withoot kenning whit ye are haain, cos nae only might ye poison yersel but ye might gang intae a trip frae which ye can never return."

balmstick/*idiot*   haain/*eating*

O aa the tales that ye hae heard the day this yin that I'm gan tae tell ye is the bonniest oot o the hale rick-mi-tick o them. Ye see, time is the chatry that life is made oot o and there is nae beginning or end tae it—for it's aa een roon....

THE WEE LASSIE in THE YELLOW FROCK

Kevin wis nineteen years o age and he wis very bored wi life. It wis the days o the Great Depression and there wis nae jobs for onybody and the prospects o getting a job o ony kind were very slim. He wis brought up as a traiveller fella, but somehow he didnae take very much tae the wyes o his forefathers and he never listened or deeked how the traivellers made their living, or earned their daily bread. The traiveller folks aye managed tae get a living aff the land somewye, they were nae the kind o folks wha wid sit and look aroon aboot themsels, expecting things tae faa intae their famels. Perhaps if Kevin hid listened mair tae his faither, then he widnae be in sic a predicament, for Kevin didnae hae a wing nor a roost and nae sae muckle as a bean aboot him. There were een or twa greedy fairmers wha wid gie him a job for hardly nixie, but he widnae get a steady job. They fairmers liked their ain lads best anyhow, cos they were the eens wha could really dae the kind o work that wis deen roon the fairms.

A very deep depression then came ower Kevin and he felt that life wisnae worth living. Yet he hid the warld at his feet, for he wis jist nae mair than a loon, he wis handsome and he hid a great potential, but only he couldnae see it at the time. Aa he really needed tae dae wis tae get himsel trained intae something that could be useful tae folks. There wis his faither, wha could mend things, mak calendars and paper flooers, play the pipes and fiddle and he could busk aa simmer, or buy and sell and barter as weel as the best o them. Kevin couldnae play ony o the instruments, yet he wis brought up wi music, but he didnae feel it wis ony real value tae him. How very wrang he wis, cos if he could hae deen something wi the music, then he could hae wint oot busking for his living. For noo at nineteen, he wis thought on as a man and he should be independent. Right enough, his auld nesmore wid gie him onything he needed, cos she widnae see him being stuck for a bittie o habin or tuggery, but as his faither aye advocated tae his mither—she wisnae daeing the laddie ony favours keeping him, cos he wid hae tae learn tae dae it himsel. If he didnae dae it whin he wis young, then he wid turn oot tae be a useless dattach and nae guid tae onybody. The faither aye telt Kevin that it still wisnae too late tae learn the art o the traiveller, but Kevin jist widnae try tae dae the game.

Intae a very wearie and depressed state o mind then, young Kevin wint oot this day for a walk and he wis very suicidal natured. There didnae seem onything in the world for him and he felt that it wid be better for him tae dae awa wi himsel, before ony mair catastrophies happened. He felt sae low, that he wis resolved definitely tae dae awa wi himsel and he wid dae it quick. There were plenty o big knives and cutting instruments roon aboot wi his folks, and there were even some pistols available, but he didnae like the idea o blood. He still thought upon his nesmore—it wid be terrible for her if he made a mess o it; so he thought that he wid drown himsel.

Some folks say that it is a very quick way tae dae it; onywye this wis his choice. He wid droon himsel intae a deep sccluded part o the Don whar there wis a deep pool under the Auld Brig o Don at Bellabeg and he kent that it wid definitely be the end o him.

Then thoughts o the after-life came intae his mind and on the auld traivellers, wha were extremely opposed tae suicide, yet he journeyed on tae mak his appointment wi death, though the Grim Reaper wisnae ever meant tae be called upon, but that he should be sent. Aa the strange stories that the traivellers used tae tell him, kind o made him feart. Still he pursued the journey tae Bellabeg. It wis too late, he thought, for him tae change his mind and as life for him wisnae worth a groat, he felt that the quicker that he left it, then the better it wid be aa roon. Perhaps there wisnae ony life aifter death. Aa these troubled thoughts wint roon aboot the laddie's mind. Maybe whin he wis deid then he wid find peace and his soul wid be at rest. He rationalized wi his ain thoughts and he balanced his mind and then decided tae cairry oot his action.

As he moved on his journey, his mind heavy laden wi grief and burden, he deeked roon aa the beautiful places, whar he bade as a bairn. The trees were blooming sae bonnie that simmer and Mither Nature wore her bonniest goons that year. Every season hid a special magic for him. Alas, this wis tae be his last day upon the Earth and he wanted tae try and absorb as muckle o the grandeur and beauty in this last few minutes. He seemed tae be at rest wi his conscience and he wrote oot a farewell message tae his loved eens, asking their pardon for this deed that he wis deen. The letter o farewell wis written and he pit it intae his pooch, for he wis gan tae post it jist prior tae the deed. The peer young man's mind wis disturbed and this drowning wis tae be the ultimate remedy.

He wis approaching near tae his final special place. He wis warm and cool aboot it and he took a very brave approach tae the hale thing. There wis gan tae be nae last hitches, or nae fear tae stop him in destroying himsel. The dye wis cast and the last o the plan wis being pit intae action. Jist aboot a mile frae the brig whar he wis gan tae jump aff o, he decided tae walk alang the riverside. The river wis deeply secluded and deep and it wis awa frae the public eye and naebody wid chance tae pass by, tae stop him frae the action he wis contemplating. Kevin walked ower right next tae the river wi his last few thoughts rinning through his mind, he wis like a lamb gan tae the slaughter. He pit aa fear oot o his mind and jist wid let it aa happen.

He heard a splash, jist a few yairds in front o him and whin he deeked intae the waater he saw a wee quinie, intae a deep pairt o the Don. He immediately forgot his ain worries and he wint fair intae the Don, tae get oot this wee lassie, wha wis noo drooning. He wisnae worrying aboot his ain life, cos aifter aa he wis planning tae dae awa wi himself, but he couldnae see a wee cratur like this get drooned. A mighty swimmer, he grabbed the wee lassie by the hair o the heid and swam wi her ontae the shore. She wis choking and spitting oot aa the waater o the Don that she hid swallowed and Kevin helped tae revive her, by turning her ontae her back and makin her vomit up mair o the waater that she hid inside o her.

"Whit happened tae ye bairnie," cawed Kevin.

The wee quinie could hardly draw her breath, then she telt him:

"I wis walking by masel, here by this deep river and I fell intae it. I dinnae ken this pairt o the waater and I'm lost as weel; I hae bin walking doon this river side for ages."

"Then whar aboot are ye frae and whit is yer name?"

"Whar I am frae, the folks jist caw mi wee lassie and I bide intae
an awfy bonnie castle surrounded wi hills and wids. I am very
happy there, but somehow I came oot o the castle, whin
naebody wis looking and then I found masel jist beside this
deep river here and I slipped in."

The wee lassie wis dressed intae a bonnie yellow frock and a
pretty yellow ribbon. She hid twa hugh dimples and a pair o
the bonniest blue een that ye ever deeked. Her hair wis raven
black and shiny as silk. She wis a very pretty little girl, wi such
a winning and innocent smile. Kevin says tae her:

"Dae I nae ken ye lassie? I'm sure yer folks work intae the
Strathdon estate."

"I dinnae bide intae the Strathdon estate, cos mi parents hae a
castle, but in the meantime I cannae think whit it is cawed or
whar aboot it is."

"Weel, yer jist suffering frae amnesia, aifter the faa intae the
Don, but I will hae tae tak ye tae the policeman at Bellabeg."

Then the wee lassie asks Kevin, "whit were ye daeing, walking
by the river?"

For some reason Kevin says, "I wis gan tae dae a bittie o fishing
here, but whin I saw ye in the waater then I forgot aboot the
fishing."

"Then if ye were gan tae fish, whar aboot is yer rod or hook?"
asks the girlie.

"Ye ask an awfy lot o questions for a wee lassie. Whit age are ye?" asks Kevin.

"Tae tell ye the truth I dinnae ken whit age I am, but I must be a guid age noo."

"Dinnae be silly, ye are only a little quinie aboot eight years auld."

"Weel I dinnae ken for sure," says the little quine.

The wee lassie sits doon on the banks o the river for a little while and she says, "wid ye sit doon beside mi for jist a wee whilie as mi wet claes are makin mi feel tired." She took aff her sheen, and he sat doon beside her. They were baith very weet, but it wis sic a braw day they were beginning tae dry onyhow. Then the wee lassie asks: "What is yer name?"

"O, mi name is Kevin and I'm a traiveller, but I'm nae an awfy guid een at that."

"Whit is a traiveller?" she asks.

"O they are a strange bunch o folks, wha earn their living aff the land, or frae wheeling or dealing. They are also a very musical people and they tell stories and they have some really great gifts o foresight. They can see things that are nae there. I am a useless kind o yin and I can see naething, nor dae I hae nae gift o the foresight."

"Whit were ye really daein here at this river, cos I ken ye were nae fishing?" Kevin then feels he must tell this wee quinie the truth:

"Weel I came here tae droon masel."

"O please mister, dinnae dae that, please dinnae dae that!" The wee lassie starts tae greet and Kevin tells her tae stop munting.

"It's aright quinie, I saved ye and I suppose that ye hae brought mi tae mi senses. There is much I hae tae learn frae mi faither. Ye see, I hae bin a negligent fella and I thought that I could dae better than mi folks, and I wis ashamed o whit ithers thought aboot them; but noo I hae found oot that they are the richest and maist successful hantel upon the face o the earth. Never again will I tak mi folks for granted, but I will be a real traiveller like mi faither."

"Whit's that, whit's faaing oot o yer trooser pooch?" says the wee lassie.

"O that's the silly letter I wrote so that mi folks wid understand whit I wid dae."

"Please promise me that ye will never ever again try tae be sae foolish, and can I get the letter frae ye as a keepsake?"

Kevin gies the wee lassie the letter and he taks her hand and he taks her tae the policeman intae Bellabeg. The policeman is astounded by whit his happened. He thanks Kevin for getting the wee lassie oot o the waater. The policeman said that he wid look up some o the castles intae the area, tae see if there hid bin an estate worker's bairn lost.

Kevin bid the wee quinie fareweel and he gangs alang the road and he thinks upon the bonnie wee lassie wi the yellow frock.

Weel, Kevin tried and he learned many o the traits o his faither, and he did become a guid all-roon worker. Then in 1939 whin the war broke oot, Kevin, wha wis noo mairried tae a fine looking lass, joined up intae the army. He didnae hae ony faimily. Aifter his initial training wis ower, he wis intae the heart o the war intae Europe. Then as the war progressed, he found himsel intae north Africa, whar he wis in a shell hole for ages. It wis there that he wis wounded very bad. It wis almost fatal, wi a big piece o shrapnel piercing een o his lungs. He dinnae ken whit happened then, but he wis teen a prisoner o war and he landed up in a Nazi hospital. Then whin he recovered, he wis pit intae een o the Stalag camps for tae be a prisoner o war. That wis a bad time for him, cos he wis there for nearly four years. He escaped frae the prison camp and it wis ironic cos they were set free nae lang aifter that. Naebody seemed tae worry tae catch him, so he bade intae France for a couple o years. Then finally he made it back tae England ontae a french fishing boat. The journey back tae Scotland semed the langest journey he ever made. Many o his folks thought that he hid bin killed and there wis great amazement whin he did come hame.

His wife wis overjoyed tae see him and she aye hid the faith tae believe that he wid come hame. She made him the finest bittie o habin she could and aifter his dinner she telt him she hid a great surprise for him. At the back o twelve noon, jist aifter they hid eaten their meal, intae the room walked a bonnie wee lassie and she wis wearing a yellow dress. Her hair wis raven black and it wis like silk and her yaks were as blue as the sky.

Kevin looked amazed at her. She looked at him wi her een wide open and she said:
"Daddie." Kevin fell intae tears and he cuddled and kissed his daughter. But this wisnae the first time he hid seen her...

There wis the time in his life aboot seven years afore, whin he thought that his life meant nothing. The powers that govern far above us must hae hid a hand intae their fate, for he kent that his wee daughter came tae him before she wis born and she stopped him committing suicide. This wis indeed her faither and she wanted him. If he done awa wi himsel during that fit o depression, then she widnae hae bin born. She wanted tae be born, so for some unknown reason and power, she managed tae save him frae a destruction from his ain daeing. Kevin knew that it wis her—the lassie wi the yellow frock...

Kevin wis sae glad tae be alive. Everything in this life his a great and wonderful plan in store for us. We are here by choice and nae by some accident, but by a real plan. Een day Kevin wis walking wae his little daughter whin she said tae him:
"Daddie, I hae something in my pooch for ye. I hae hid it for since I can remember." And she took oot an old letter and it wis the very same letter that Kevin hid written tae his folks before he contemplated suicide. "I dinnae ken whar it came frae, but I aye seem tae hae it in mi pooch o mi frock."
The wee lassie's name wis Sara and she grew up tae hae the gift o the foresight.

Ye see, the past, present and future are aa really tied intae een anither as one and sometimes wi dae get glimpses o whit tae us seems like different times.

But it is noo time tae tak ye aa hame tae the safety o yer ain firesides and I jist hope that ye aa hae learned a wee lesson frae each o these stories and can apply the wisdom o them intae yer ain lives… and eence again I hope ye enjoyed a wee bittie mair o the traiveller culture. Aye remember then, that every time ye tell a story then a bonnie butterfly will emerge an tak flight frae the Butterfly Cave!"

GLOSSARY

abbreviations: (c.)= Cant; (d.)= Doric; (g.)= Gaelic; (r.)= Romany; (s.)= Scots.

a', aa	*all*
aa o	*all of*
aawyes	*always*
abeen	*above*
a'body	*everybody*
aboot	*about* (d.)
aff	*off*
ahint	*behind*
aifter (-nain)	*after (-noon)*
airm	*arm*
airt	(1) *direction;* (2) *art*
an	*on*
aroon	*around*
a'thing	*everything*
aul, auld, aulder	*old, older*
awa	*away*
awfy	*very*
aye	(1) *always;*
	(2) *one*
baa	*ball*
backie	*yard*
backles	*shoes* (c.)
bade	*lived*
bad use	*ill treat*
bairn	*child*
baith	*both*
belang	*belong*
balmstick	*idiot*
balmyhoose	*madhouse*
bannock	*oatmeal cake*
bap	*bun*
barny	*fight*
barry	*fine, good* (c.)
bawbee	*halfpenny*
bean, been	*fine, good*
been rannie	*very grand*
beets	*boots*
belang	*belong*
ben	(1) *through;*
	(2) *to the back of;*
	(3) *towards*
bide	*stay, live*
bing avree	*get away* (c.)
bin	*been*

bittie	*piece*
black airt	*black art*
blaw	(1) *blow;* (2) *brag*
blin	*blind*
blin drift	*blinding snow storm*
blue him	*spoil it for him*
boglets o	
manishees	*ugly women*
booter	*kick*
brack, brackin	*break, breaking* (d.)
braw	*good, fine* (d.)
brew	*brow*
brig, briggie	*bridge*
brither	*brother*
broon	*brown* (s.)
brosed	*bronzed*
bung avree	*gone away*
burnie	*stream*
but and ben	*two-roomed cottage*
caa, caw	*call*
cadge	*beg*
caed	*called* (d.)
cairryoot	*carry out*
cairt	*cart*
camp	*tent*
cane, kane	*house*
cauld	*cold*
ceelings	*silence* (c.)
ceilidh	*party*
chanter	(1) *pipes (bagpipes);*
	(2) *to play the pipes*
chap	*knock*
chatry, chattry	*stuff, goods* (d.)
chavie	*young person* (r.)
chiel	*fellow, lad, child*
chipper	*fish and chip shop*
claes	*clothes* (d.)
clattie, clatty	*dirty, unclean*
cleck	*talk* (d.)
cleeked wi	*caught*
clipe, clipet	*tell, told* (d.)
cloch	*stone, boulder* (g.)
cleuch	*void*
come a darrach	*take a swipe at*

connached	spoilt	far	where
coorse	coarse, wicked, cruel	feart	afraid
corach	silly person	fecht	fight
cotter	cottager	ficher	fumble
cotter kane	cottage	fin	(1) when; (2) find
cotter hoose	cottage	fit	(d.)(1) what; (2) foot
coup	tip over; vomit	fizog	face
cowchie	natural	flee	fall
crack	talk	fleer	floor
cratur	creature	fleg	fear
croak	(1) dead;	floor, flooer	flower
	(2) choke, overload	fly	clever
cuddy	horse	fower	four
culloch(an)	old woman (g.)	frae	from
cwochie	natural	freen, frein	friend
		freeted	(1) cried; (2) worried
dab whit	reveal what	fu	(1) who; (2) how
dae, dee	do		
dancers	stairs	ga	go
darnae	dare not	gadie	lad
dattach	useless person	gade	(1) young man; (2) went
deed, deid	dead	gadgie	man
deek	look	gae, gaed	go, went
deen	(1) doing done (d.);	gan, gang, gaun	go, going
	(2) silly	gander	look
deen out	exhausted	gang feeing	find work at market
deeped	soaked	ganzies	jumpers
deidhoose	mortuary	garoosk	tribe, many
deif	deaf	gey	(1) great, greatly;
den	valley		(2) good-sized very
deil	devil	ghoster	chance
dilly, dillie	girl (r.)	gie, gee	give
din	done	ging	went go
dinley	silly person (c.)	Glesga	Glasgow
dinnae	do not	gomeral	idiot
dochter, dauchter	daughter	goon	gown
doon	down	gowd	(1) good; (2) gold
dose, doze	a lot (c.)	graft	work
dreich	dreary (d.)	grate	cried
droon	drown	greeting	crying, weeping
dumpish	stupid	grun	ground
		guddled	caught (with hands)
ee	eye	guffy	pig
eebrews	eyebrows	guid	good
eence	once	guldrich	useless
een	(1) one; (2) eye		
		ha'	hall
fa, fas	who, whose	ha ,hae, haain	(1) have, having;
faa	fall		(2) eating
fae	(1) from; (2) full	haa the face o	(chew), snap at
fairmies	farms	everybody	abody
faither	father (d.)	haa	house
faking	making	habin	food
famels, fammels	fingers (c.)	hale	whole

hame	*home*
han	*hand*
hanfae	*little* (c.)
hantel	*people* (r.)
happed	*covered*
hawked	*sold*
heart	*heard*
heid	*head*
heinzer	*fifty-seven varieties*
hid	*had*
hirpie, hirple	*cripple; limp*
his	*has*
Hoddie	*the Devil* (c.)
hoors	*hours*
hoose	*house*
host	*cough*
hud	*hold*
hurl	*ride*
icer	*ice-cream van*
ill ails	*annoys* (d.)
it	*at*
ither	*other*
jigger	*door*
jist	*just*
juckal	*dog*
kane	*house*
ken	*know*
kenchins	*children*
kier, keir	*house, home* (c.)
killiekrankie	*crazy, berserk*
kip	*bed* (d.)
knackered	*exhausted*
kye	*cattle*
laldy	*battered* (d.)
lane	*own*
lang	*long*
lavie	*lavatory*
laying on	*fight*
leaf alane	*by oneself* (g.)
leather	*beat*
lee	*lie*
let dab	*tell*
loochies	*rats*
loon	*lad*
loorichy	*unkempt*
louped	*bounded*
lowdy	*money* (c.)
lug	*ear*
lum	*chimney*
lum hat	*top hat*

lurichs	*old rags*
ma	*my*
mainnered	*mannered*
mair, mare	*more*
maist	*most*
maiter	*matter*
mak	*make*
mang	*talk* (c.)
manishee	*woman* (c.)
masell, misell	*myself*
maun	(1) *must*; (2) *face*
meat	*feed, food*
meck	*halfpenny*
mentlar	*fit*
mi	*my*
midden	(1) *rubbish tip;* (2) *maiden*
mither	*mother*
monie	(1) *money;* (2) *many*
mooligrab	*kill, murder*
moo, mooth	*mouth*
moothfae	*mouthfull*
morran	*tomorrow*
muckle	*big, much* (d.)
munting	*crying, weeping*
nae	*not, no*
naebody	*nobody*
naethin	*nothing*
nane	*none*
neen	*none*
nesmore	*mother*
niver	*never*
nixie	*nothing*
noo	*now* (d.)
onnie, ony	*any*
onymair	*anymore*
oorsells	*ourselves*

oot	out
ower	over
oxters	armpits
packered in	exhausted (c.)
panny	a stupid person
peely wally	sickly
peenie	apron
peer	poor (d.)
peeve	drink (c.)
picturs	films (pictures)
pit	put
pit the breeks on	fight
plaidie	plaid
pluchs	farm workers (c.)
pooch	pouch, pocket
pottach(an)	man (g.)
pownie	pony
prechum	a lie
prood	proud
puckle, puckly	many, a few, amount of (d.)
puddock	frog (d.)
puir	poor
pun	pound
quinie	girl (d.)
racklie	girl (r.)
rannie gadgie	gentleman (r.)
rannie hantel	landed gentry (r.)
rege	pound (money)
rill	lie
rin	run
roon	around
rowin fu	bursting
saft, saffen	soft, soften
sae	so
sair, soor, sairing	sore
sax	six
scaldie	non-Traveller
screaking	screeching
scunnered	fed up (d.)
scunnering	disgusting
seek	sick
selt	sold
shannish	exclamation of panic
shan	awful, bad (c.)
sheen	shoes
sheltie	horse
shillelagh	club
shooders	shoulders
shover	shop
sic	such

siller	silver
simmer	summer
slab	tea
slouped	tipped over
slum	sleep
smaa	small
snaw	snow
snuffing it	dying
sodier, sodjer	soldier
somewye	somewhere
sooth	south
spear, speir	talk, enquire
spiled	spoiled
spilesport	spoilsport
spooch	seek
sprach	hawk, beg
stan	stand
stane	stone
stinkie billies	sweet william
stone horn mad	completely mad
stoor	smell
strang	strong
streuchomoor	prostitute
suppie	a little (d.)
sweeming	swimming
symet	vest
tackety beets	hobnail boots
tae	to
taes	toes
tak	take
tanner	sixpence
techies	shoes (c.)

teen, taen	*taken*	weresels	*ourselves*
telt	*told*	wha	*how, who*
thae	*them*	whar	*where*
the gither	*together*	whin	(1) *when;* (2) *gorse*
they	*those*	whit	*what*
thon	*those*	whit a scunner	*how sickening*
thundering	*great*	wi	*we*
tickie	*threepenny (bit)*	wi onything	*with anything*
tightener	*helping*	wid	(1) *wood;* (2) *would*
toad	*own*	widden	*wooden*
toff	*gentry*	widnae	*would not*
toon	*town*	wifie	*woman*
trampler	*foot*	win', win	*wind*
trash	*afraid* (c.)	windae	*windows*
tuggery	*clothes* (d.)	wing	*penny* (c.)
tumble the catty	*somersault*	wing nor a roost	*nothing* (c.)
twa	*two*	wint	*went*
		wis	*was*
unca	*illnatured* (c.)	wisnae	*was not*
		wrastlin	*wrestling*
vardo	*living waggon* (r.)	wye	(1) *way;* (2) *wave*
waas	*walls*	yaks	*eyes*
wad	*wed*	yersel	*yourself*
wains	*children*	yett	*gate* (d.)
waalee, wallee	*bog* (c.)	yin	*one*
wakin, waakin	*walking*		
waur	*worse*		
we ,wae	*with*		
wee bittie kitchen	*small piece of food* (c.)		
weel	*well*		
weet	*wet*		
were	*our*		

Stanley Robertson's writing is inspired by the culture and spirit of his own people, the Traveller folk, with whom he spent his childhood in Scotland's north-east. He now lives and works in Aberdeen. A nephew of the late Jeannie Robertson, he is also a ballad singer and tradition bearer, and he lectures in this at universities and colleges in the U.S.A., Canada, Europe and elsewhere, and at Newbattle Abbey, the School of Scottish Studies, schools, etc. His first book, *Exodus to Alford* (Balnain Books, 1988) was on two best-seller lists. These stories are not *re-told* but completely original.

Inverness-born Simon Fraser is a successful painter and print-maker living near Nairn, who has exhibited extensively, including London (Fischer Fine Art, etc.) and regularly at the 369 Gallery in Edinburgh, and numerous other galleries internationally. He has collaborated previously with Stanley Robertson on *Exodus to Alford* and with writers George Mackay Brown and Aonghas MacNeacail.